ドラッカーさんが教えてくれた
経営のウソとホント

酒井綱一郎

nbb
日経ビジネス人文庫

Koichiro Sakai knows my work better than I do.
He has been studying it for many years and
he has interviewed me in depth several times,
the last time only a year and a half ago.
His book can be warmly recommended as a synthesis
of my work.

Peter F. Drucker

酒井綱一郎さんは私よりも私の仕事について精通している。
彼は長年、私の仕事について研究を続け、
数回にわたって私に洞察に富んだインタビューをした。
最近のインタビューはわずか1年半前という直近のものであった。
私の仕事ぶりについて総合的に知る本として、
酒井さんのこの本を心より推薦するものである。

ピーター・F・ドラッカー

(2004年の単行本刊行時の推薦文)

はじめに

イノベーションには三つの誤解がある

この本は、社会生態学者である故ピーター・ドラッカーさんとの数回にわたる直接対話から生まれた本です。

ドラッカーさんは、二〇〇五年一一月に、九五歳で亡くなられました。経営学者、未来学者、社会生態学者、ジャーナリストと多岐にわたる肩書が物語っている通り、ドラッカーさんが扱ったテーマは広範囲に及びました。

近代経営を体系化しただけではなく、ポスト工業化社会における新しい経営のあり方を提言しました。大量生産・大量消費を前提にした時代が終わり、情報と人々の知恵が重要になる「知識創造社会」のあり方を示しました。

社会構造が変われば、経営の常識も変わります。

ドラッカーさんへの三度のロングインタビューで「人口減の影響は?」「カリスマは必要か」「日本的経営はなにを間違ったのか」としつこく質問をし、それに対してドラッカーさんは何千年もの歴史や企業の現実を踏まえ、「経営のウソとホント」を明確に切り分けて説明してくれました。

この本は、経営の常識だと私たちが思っていることが、いかに砂上の楼閣であるかを示しています。

私は、今の日本企業に大切なキーワードが五つほどあると考えています。

・コンプライアンス
・ダイバーシティ
・プロフェッショナル
・コラボレーション
・イノベーション

この五つのキーワードが一つでも欠けたら、新しい時代の経営はできません。

コンプライアンスは「法令を順守しなさい」といった狭い意味ではありません。法令を守らなければ法律で処罰されますが、企業に求められているのは、もっと高い次元の倫理観です。消費者、投資家、従業員、地域社会などのステークホルダー（利害関係者）の信頼を得る経営こそ、コンプライアンスの真髄です。

ダイバーシティは多様性という意味ですが、主に「日本人の男性健常者」で成り立ってきた日本企業に変革を迫るものです。女性、高齢者、外国人、障害者にも戦力として活躍してもらうことが求められています。品質が良ければ商品が売れた時代なら、均質な人たちで効率よく生産活動をしたほうがよかった。しかし、今の時代は生産効率よりもイノベーティブ（革新的）な商品やサービスが求められています。似た者同士が集まって考えるより、価値観を異にする人たちが知恵を出し合ったほうが、ユニークな成果を生み出しやすいのです。

プロフェッショナルは説明の必要がないでしょう。これまでは、なんでもこなせるオールラウンド型人材が尊ばれてきました。「総合職」なんて職種分類があるほどです。しかし、国境がなくなり、グローバルな競争が激化するにつれて、プロとプロの戦いになってきました。深い知識と洞察力を持ったプロの知恵が求められています。

コラボレーションとは協業のことですが、単なるチームワークのことではありません。企業の中と外で協業すること、国の中と外で協力すること、人種が違う者たちが協力し合うことなどなど、その意味は多様です。それは、スピードアップのためであり、ユニークな商品やサービスを生み出すために不可欠です。
イノベーションは技術革新だけを意味しません。社会構造の変革を迫る社会的イノベーションが重要です。

この五つのキーワードを組み合わせると、次のような企業が理想像となります。
法令順守以上の高い倫理観を持った企業が、性や人種、障害などにとらわれることなく多様な人材を雇い、その一人ひとりをプロとして育て上げる。そのプロたちが、企業外のプロたちとネットワークを組んで協業することでスピードアップをはかりながら、新しい革新を生み出す。

この本は、これら五つのキーワードの中でもとりわけ、イノベーションに焦点を当てています。人口減少、高齢化、主力産業の成熟化、国力の低下という、今日本が直面する逆風を吹き飛ばすには、イノベーションによる飛躍が不可欠です。

日本企業は一〇年近くかけて、財務的リストラを断行してきました。企業業績が回復したのは、水ぶくれした体質を改善したからです。設備、雇用、債務の「三つの過剰」を解消したことで、過去最高益を出す企業が現れてきました。

要は、投資が需要を生み、需要が投資を生むという「攻めの経営」ではなく、一九八〇年代後半からのバブル景気のときに緩んだ企業体質を引き締めた、「ダイエット効果」が表れたのです。

しかし、サブプライムローン問題などの金融不安、原油高騰をきっかけとした資源高によるコストアップによって、経営は今、大きく揺さぶられています。筋肉質になったかに見えた日本企業の脆弱性があらわになったのです。

成長するために必要な筋肉質の体をつくり上げていくには、攻めの経営に転換しなければなりません。

求められているのは、任天堂のようなイノベーティブな企業活動です。任天堂は、DSやWiiのゲーム機を「子どもの遊び道具」から「大人の学習機」「家族の健康器具」に広げたことで、急成長を遂げています。

任天堂のような成長力のある筋肉質の体をつくるには、プロテインなどのたんぱく質を摂取する必要があります。

企業にとってのプロテインこそ、

「イノベーション」

です。

プロテインでも間違ったものを摂取したら、元も子もありません。「イノベーションへの誤解」を解いておくべきです。

イノベーションには、主に三つの誤解があると思います。

第一の誤解は、第五章のコラムで紹介するように、

「イノベーションとはユニークなアイデアを思いつくこと」

という誤解です。一人のひらめきやアイデアがきっかけでも、そのアイデアを生かす組織的な活動こそがイノベーションです。「イノベーションとは、組織的な営み」なのです。

第二の誤解は、第六章のコラムで紹介する、

「イノベーションを技術革新」

と勘違いすることです。鉄道の発明は人々の間の距離を短くし、社会を変えました。それは鉄道という技術ではなく、鉄道網という社会インフラの革新でした。教科書の発明には技術は必要ありませんでした。しかし、教科書の発明は教育水準の大幅

な向上に貢献したのです。

三つ目の誤解は、「イノベーションとは壮大なものだと思ってしまうこと」です。確かに、鉄道や印刷技術など壮大なものもあります。しかし、一方で小さな改良から始まったイノベーションもたくさんあります。第七章で紹介するパナソニック(旧社名・松下電器産業)のななめドラム式洗濯乾燥機がそうです。

「イノベーションは、時代を画する壮大なものという意味にあらず、小さなことから始まる」

というドラッカーさんの言葉は、かみしめるべき卓言です。

各章の構成は次のようになっています。

第一章では、固定観念や思い込みを払拭することの重要性について説いています。俗な言い方をすれば、「バカの壁」突破法です。

第二章では、需要を見誤ったとしてもあきらめず、粘りのマーケティングを続けるタフさについて説いています。入念な市場調査をして製品を市場に投入しても、「予期せぬ変化」が起きて、需要を見誤ることはよくあることです。そのとき、経営者はどうすべきか、企業はどうすべきかを議論します。

第三章では、産業構造の変化、業界と業界をまたぐ「業際産業」について議論し、内部情報よりも外部情報の重要性について指摘しました。

第四章では、これまで当たり前とされてきた「会計制度が支配する組織」から「情報を軸とした組織」への転換について説いています。私たちが当たり前だと思っている会社組織が常識でなくなる時代が到来しているのです。

第五章では、「分布」を切り口にしてビジネスチャンスをつかむマーケティングについて紹介しました。併せて、予想以上の速さで進むマーケットセグメント（市場細分化）への対応に触れています。

第六章では、日本企業が得意とする「カイゼン」の再評価についてです。アメリカで日本的な「学習する組織」が評価されていることの意味についても考えました。

第七章では、イノベーションを生み出す組織のリーダーシップはどうあるべきか、名経営者の共通点はなにか、時代の変化に合わせて改めるべきリーダーの資質はなにかを議論しました。

この本は二〇〇四年秋に単行本として刊行しました。今回、文庫本として出版するに当たり、中に盛り込んだ事例を極力、最新のものに入れ替えています。また、「イノベーションの収益化」「イノベーションの仕組み化」など、単行本では盛り込まなかったテーマについても議論を深めたつもりです。単行本から文庫本まで、適切なアドバイスをしていただいた編集者の神山巍さんに心より感謝したいと思います。

最初にインタビューを申し込んだ際に、ファクスで「ＳＯＬＤ ＯＵＴ」という強烈かつユニークな断りの返事をされたにもかかわらず、その後三回もロングインタビューをさせていただいたドラッカーさんとの対話がなければ、この本は生まれませんでした。おそらく、天国から地上を観察し、鋭い分析活動を続けておられるであろうドラッカーさんにとりわけお礼を申し上げます。

二〇〇八年一一月

酒井綱一郎

ドラッカーさんが
教えてくれた
経営のウソとホント

目次

はじめに
――イノベーションには三つの誤解がある　3

第一章

「バカの壁」を打ち破る勇気を持とう

――柔軟な思考こそが革新の前提条件――　23
一〇〇年の常識は常識にあらず　25
政府の長期戦略「イノベーション二五」の意義　26
二一世紀は知恵が競争力の決め手　31
ソニーの盛田さん曰く「早出して素晴らしいアイデアを考えてくれとはいえない」　34
インターネットよりも成長しているのは健康産業　36
現代人は寿命が延びても健康ノイローゼ　37
ホンダの創業者本田宗一郎さんのアイデア創出法　39
「イノベーションの壁」を突破したiPod　42
「バカの壁」を突破した無洗米　46

使い物にならない接着剤からポスト・イット 48
固定観念を打破するアイデアが革新の第一歩 50
ドラッカーさんはいいました——それは違う!
インターネットが歴史始まって以来の革命というウソ 51

第二章

当たるも八卦、当たらぬも八卦
——予期せぬ失敗に学べ—— 55

八〇歳のドラッカー夫人が発明した商品 57
日陰者だったから成功した? 日本発OSのトロン 58
「予期せぬ変化」で生まれた電子レンジ 60
市場調査は基本の基本、しかしそれでも売れないときは 62
IBMの成功は、市場選択の誤りから始まった 63
明治の資本家・渋沢栄一でさえ需要を見誤った 65
二日酔いよりシミ防止で大成功したハイチオールC 68

口コミ、テレビ番組から使い方を広げた東レの眼鏡拭き布　71
「予期せぬ成功は腹が立つ」が、謙虚に失敗を認める姿勢が大事　74
究極の予期せぬ成功、バイアグラを生み出したもの　75
ドラッカーさんはいいました──それは違う！
不況になったのは日本的経営が失敗したからというウソ　79

第三章

「業際産業」生むには内部より外部情報
──産業構造の変化を察知する仕組みが大事──　83

変化の激しい時代には、外部情報が重要　85
ダウンサイジング、アウトソーシング、IT革命がもたらした変化　87
郵便局の独占市場に斬り込んだヤマトの小倉さん　91
無人短時間駐車場のパーク24は新産業　94
介護タクシーは運送事業の枠を超えた「業際産業」　96
業際産業に二つのパターン、「混合産業」と「岡目八目産業」　100

オンライン書店アマゾンの創業者ベゾスさんは業界の外の人　102
ソフトウエア会社がつくったカーコンビニ倶楽部　104
ドラッカーさんはいいました――それは違う！
これからの中心はインターネット企業が担うというウソ　108

第四章

新しい酒は新しい革袋に

――会計制度型の組織から情報組織に変革を――　111
イノベーションは思いつきではなく、組織的な営み　113
製造業国家の精神構造から脱却し、サービス経済化の推進を　114
情報組織はテクノロジスト集団でなければならない　118
情報重視、専門重視が促進する企業のアウトソーシング　120
標準化、可視化の遅れがアウトソーシング後進国の原因　122
組織の歴史はピラミッド型、ケイレツ、ネットワークの三段階　124
旧中央研究所を情報ネットワークに変えたファイザー　127

組織をツールとして使う柔軟性を 128
ドラッカーさんはいいました――それは違う!
原価計算の精度を高めればコストが見えるというウソ 131

第五章

市場の細分化、横断化

――分布の変化に注目し、水平展開も考えよう――

135
二つの社会変化が二一世紀の企業社会を襲う 137
先進国の人口減少を甘く見てはいけない 138
「分布」を切り口にすればビジネスチャンスが生まれる 140
少子化の逆風を生かした個別指導塾 142
「やきそばの町」で町おこしした富士宮市 145
消費者が主役になるプロシューマーの時代が始まっている 149
「マイブーム」はワン・ツー・ワン時代の申し子か 153
タテに深掘りするだけでなく、ヨコへの展開も考えよ 155

「分布」を検討するとき、統計を読むだけではダメ、現場に出向こう　158
ドラッカーさんはいいました――それは違う！
イノベーションはアイデア、発明であるというウソ　162
第六章

知識創造時代に新たな「カイゼン」を
――日本のお家芸「学習する組織」を再評価――　165

松下幸之助さん、最初のイノベーションは二股ソケット　167
日本三大発明品はいずれもローテク　170
プロセス、労働力、知識が三つのニーズ分野　172
日経ビジネスが生み出した言葉「軽薄短小」が日本の強さ　175
日本語「改善」が世界語「KAIZEN」になった　176
ホコリ一つで飛行機が墜落することだってあり得る　179
老品質専門家がアメリカの工場を救う　181
「不良品率一%台」のウソから始まった改善活動　185

信頼こそがすべての始まり 187
日本に学んだピーター・センゲさんの「学習する組織」論 188
知識創造時代のチーム学習、改善のあり方を問う 191
ナレッジマネジメントにあらず、ぶつかり合う知の対話こそが重要 192
ドラッカーさんはいいました――それは違う!
イノベーションの訳語は技術革新であるというウソ 195

第七章

カリスマ経営者は要らない

――信頼、ビジョン、方向づけがリーダーの条件――

199
ドラッカーさんが不快感を示した「カリスマ経営者」 201
名経営者の共通項は、「普遍的信頼」を得る人物 203
部下を褒めることを厭わなかったジャック・ウェルチさん 205
フェデックスのスミスさんは従業員至上主義者 207
専門家の部下が上司を教える時代になった 210

「洗濯機は上から衣類を入れるもの」という常識を克服 212
「ソーシャル・イン」でやりがい持たせるオリンパス 214
やさしいデザイン市場を開拓するパナソニックとトヨタ 218
デザイン部門の統合から始まったパナソニックの商品改革 220

ドラッカーさんはいいました——それは違う!

組織の階層が減ると上司の役割も減るというウソ 223

あとがきに代えて

——時代の変化を読む賢者 227
「経営の神様」を嫌い、「社会生態学者」を好む 228
ヨギ・ベラのニューヨーク・メッツも指南した多彩な経歴 230
半世紀前に情報化社会の到来を予測 232
一〇〇年、一〇〇〇年単位で時代の変化を読む 235

本文デザイン――斉藤よしのぶ
イラスト――――――ＩＮＯ

第一章

「バカの壁」を打ち破る勇気を持とう

柔軟な思考こそが革新の前提条件

「認識を変化させることで革新は生まれる」（ドラッカーさん）

人間は固定観念にとらわれやすい。優秀なビジネスパーソンほど、その癖があります。常識にとらわれた自らを解放してこそ、新しい着想やアイデア、イノベーション（革新）は生まれるのです。単なる思いつきやアイデアだけでもダメですが、まずは認識を変えてみることで「バカの壁」を取り払うべきです。

一〇〇年の常識は常識にあらず

生前、ドラッカーさんの話を聞いていると、目からウロコが落ちました。

「インターネットの普及スピードは人類が体験したことのないほどの速さだという人がいる。しかし、私が一二～一三歳の少年だった二〇世紀初期の映画は、今の情報技術よりもっと速いスピードで普及したが、そのブームは一〇年しか続かず、短命に終わった」

私たちはついつい、自分たちの時代がなんでもすごいとか、大変だとか思いがちですが、冷静に歴史を振り返れば、もっと強烈な時代があったことを知ることができます。

「一つの組織ですべて通用するという一〇〇年間信じられてきた常識が通じなくなっている」

この話は、第四章で取り上げます。会社という組織は、なんとなく形は一つだと思い込んでしまいがちです。しかし、会社という組織すら、その歴史はわずか一〇〇年しかないのです。そのことを知った途端に、

「組織の形態は時代の変化によって変わるのだ」

と気が楽になり、開き直れるはずです。

「松下電器産業（現パナソニック）が三〇％のシェアを握っている商品を持っているとする。この数字がいわんとするところは、七割の客がリーディング企業の商品を買っていないということだ」

私たちは、トヨタ自動車がシェアナンバーワンの会社だから国内の自動車市場のことはおよそわかっていると思いがちですが、そうではないのです。握っていないシェアから換算すれば、知らないことのほうが多いという謙虚さを身に付けることができるのです。

政府の長期戦略「イノベーション二五」の意義

ここで、ギャグを一つ紹介したいと思います。ドラッカーさんがイノベーション（革新）を起こす際の重要なポイントとして挙げている「認識の変化」を理解するためです。

本当にあった逸話として、インターネット上で次のような場面が紹介されていました。

モノクロ写真を文房具店に持ってきたおじいさんが、カラーコピー機を指差して、

「これをカラーにしてもらえんかのう」

おじいさんからすれば、大真面目だったのだと思います。「カラーコピー機」と機械に書いてあるのですから、なんでもカラーにできると思ったのでしょう。

「おじいさんは常識がないのだよ」

と笑ってしまったら、この話は終わってしまいます。しかし、今の技術では無理かもしれないが、いつか、モノクロ写真を撮影したときの色で再現できる「カラー変換コピー機」を実用化できるかもしれない——。そう考える技術者がいたら、革新の始まりです。

この話をギャクで終わらせないところが、人間の英知です。いろいろな分野で、白黒写真をカラーにする技術が研究、開発されているのです。

独立行政法人の情報処理推進機構が実施している「未踏ソフトウエア創造事業」で採用された自動着色ソフトウエア「はいから」は、過去の画像データベースから似た画像パターンを見つけ出し、その色を用いて自動で着色作業を行ってくれるもので

す。それ以外にも、パソコン上でマウスを使い彩色の範囲を指定して白黒写真に色をつけるソフトもあります。

完全にカラー化するわけではありませんが、紙焼きの白黒写真を褐色補正する機能が付いた家庭用スキャナーも売り出されています。そのうち、白黒写真カラー変換コピー機も登場するかもしれません。

大事なことは夢をあきらめない、既成概念を打ち破ろうとする発想力を持つことです。

東京大学が野村證券との共同で「未来プロデュース・プロジェクト」を二〇〇五年に実施したことがあります。五〇年後に誕生するもの、誕生してほしいものを予測したプロジェクトです。

タンスと洗濯機が一体化した「バイオミストボックス」。未来タンスに服をかければ、自動で洗濯、乾燥してくれるボックスです。行き先を告げるだけで目的地に飛んでいく「エアーカー」。地震の揺れを吸収する土「スマートソイル」。共同研究の成果は『図説 50年後の日本』(三笠書房)としてまとめられました。

夢みたいな話ですが、東京大学は大真面目でした。電子工学、脳研究、量子力学など最先端の学問をしている一五人の研究者が真剣に議論したのです。

東大の報告書には「壁掛けテレビ、腕時計型無線機など、今日私たちが目にする技術や製品は、子ども時代に夢見たことをヒントに生まれてきました」と書かれています。イノベーションとは、途方もない夢であればあるほど、実現できたら「世紀の発明」になるのです。

二〇二五年までを視野に入れた成長政策の長期的戦略指針「イノベーション二五」の報告書が、二〇〇七年に閣議決定されました。その報告書も「常識にとらわれることなく、高い目標を設定しそれに果敢に挑戦すること、チャレンジ精神の芽を摘み取らないことこそが、我が国をイノベーションが絶え間なく起こる国にする上で最も重要である」と結論づけています。

その常識とはなにか。わかりやすい文章で書かれていますので、引用しておきます。

かつて、有名な科学者が「空気より重いものは空を飛ぶことは不可能である」といったわずか八年後の一九〇三年に人類の初飛行が実現している。また、コンピュータが発明された当初は、今のパソコンのような優れた性能は必要とされないだろうと考えられていたが、半導体技術の急速な進歩が小型で高速大容量のメモリを可能とし、小型のパソコンがかつての大型計算機以上の性能を発揮し、また初期の計算機能よりも電子メール、情報検索等ネットワークの手段として利用されるようになってきた。（中略）

科学的発見や技術の革新にとどまらず、それらが時代とともに融合し、社会制度の変革を要求し、その結果また次の展開が生まれるという過程が存在する。その繰り返しが、今日の我々の社会を形作ってきたのである。

イノベーションの本質が詰まった文章になっています。常識にとらわれないこと、科学的発見や技術の革新にとどまらず社会的変革を促すこと、それこそがイノベーションなのだという点は、ドラッカーさんが何十年も前から提言してきたイノベーションの基本理解です。

二一世紀は知恵が競争力の決め手

二一世紀は、ドラッカーさんの言葉を借りれば「知識創造社会」といわれていま す。これまでは、大量生産・大量消費の時代でした。たくさん同じものをつくって、たくさん同じものを消費者に売る時代でした。そんな時代には、たくさんおカネを持っていて、たくさん工場や研究開発に投資していける企業ほど有利でした。しかし、こういった企業が持っている工場やビルなどを「有形資産」といいますが、もはや有形資産の規模を競う時代ではなくなりました。

今は、「無形資産」が重視される時代です。無形資産には、その企業のブランドも入ります。例えば、アメリカのコカ・コーラの企業価値は九兆円以上と試算されています。その資産の多くは、コカ・コーラが長年の間に築いたブランドです。

以前ならば、他の企業を買収するときに、工場がどれだけあるか、本社ビルの値打ちはどれぐらいか、といった目に見える資産、すなわち有形資産がどれぐらいあるかが重視されました。

しかし、今は、その企業のブランド力がどれぐらいあるかが重要な買収決定の要素になりました。こういうブランド料を「のれん代」と呼びます。

ちなみに、会計制度は、有形資産を重視する日本企業の経営姿勢に変更を迫りました。日本の会計制度は長年、「取得原価主義」を採用してきました。取得時の価格で資産を評価する会計方法です。

例えば、三億円で買った土地が五億円に値上がりしても、帳簿上は三億円のままです。貸借対照表の上では、値上がり益は反映されません。実現されていない値上がり益のことを「含み益」と呼び、その含み益を基盤にした日本独特の経営を「含み経営」と呼んだのです。

取得原価主義の経営、含み経営が尊ばれたのは、短期的利益を求めるのではなく長期的視点に立った経営ができたからです。取得原価主義ならば、会社が持っている資産や負債をいちいち時価に直さなくて済みました。

しかし、取得原価主義は本来はおかしな制度です。企業の業績は毎年変化しているのに、資産の価値は変わらないからです。現在の資産価値とまったく違う価値が貸借対照表に記載されるのです。

これでは、投資の時代に企業の価値を正確に評価できないということで、時価主義会計が遅ればせながら導入されたのです。時価主義会計では、常に取得価格と時価評価の差額を損益として反映させます。含み益だけではなく、含み損も反映されるのです。

日本企業に価値観の転換を迫った時価主義会計の第二幕が、減損会計の導入です。減損会計は、固定資産の価値が大幅に下がったときに、損した分を帳簿に反映するものです。

おおざっぱにいえば、五億円で買ったビルが不動産の値下がりで時価が二億円になったとしましょう。三億円の損が出たことになります。含み損が簿価の五割を超えた場合は、帳簿に反映せねばなりません。従業員が知恵を出し、一生懸命働いても、固定資産で大きな評価損を出したら、赤字企業に転落してしまうのです。倒産の危険もあります。

取得原価主義の時代には、大きなビル、大きな工場用地を持っていることはいいことでした。「大きなことはいいことだ」です。ところが、時価主義会計になったら、固定資産を持つことは危険です。「大きなことは危険なことだ」なのです。

無形資産の時代には、ブランドと同じくらい重要な要素があります。それは、その企業の従業員にどれぐらい構想力、アイデア力があるかということです。また、企業文化そのものに創造性があるかどうかも勘案されます。

これからの時代の企業の競争力は、知識創造力なのです。一言でいえば、「知恵」の勝負です。二〇世紀の産業社会が、できるだけ安くものを提供する大量生産社会だったのに対して、供給過剰状態が常のこれからの時代は、ユニークな知恵の勝負になっているのです。

ソニーの盛田さん曰く「早出して素晴らしいアイデアを考えてくれとはいえない」

ドラッカーさんと同じような未来学者であるアルビン・トフラーさんにインタビューした折、ソニーの創業者である故・盛田昭夫さんとトフラーさんご夫妻との会話を紹介してくれました。トフラーさんは、『第三の波』という本を書いて、世界中に衝撃を与えた人物です。第一の波が遊牧社会から農耕社会への転換、第二の波が産業社会の到来、そして第三の波が、

「情報化社会」

の誕生というわけです。ドラッカーさんの「知識創造社会」や堺屋太一さんの「知価革命」とほぼ同じ意味です。今なら誰でもいえますが、情報化社会の到来をずっと以前に予言して当てたのですから、大変な洞察力です。

さて、三人は、これまでの産業社会とこれから始まる文明社会の仕事の仕方では、どんな違いがあるかという議論をしていました。そのとき、盛田さんは次のようにいったそうです。

「第二の波（産業社会のこと）の時代ならば、朝八時に会社に来て仕事をしてくれといえるが、第三の波（情報化社会のこと）の時代には、科学者やエンジニアに朝八時に会社に来て素晴らしいアイデアを思いついてくれ、とはいえませんね」

トフラーさんはニューヨーク大学を卒業した後、溶接工やプレス工の仕事を五年ほど経験したことがあるユニークな経歴の持ち主です。だから次のようなことがいえるのです。

「私が工場で働いていたとき、一時間に三〇〇〇回プレス打ちをしても、打った分の製品ができるだけだった。骨の折れることだ。それに比べて、アイデアが画期的なら、波及効果は絶大である。アイデア一つで全社的な仕事の価値を高められる。新しい文明の時代では、労働した分しか対価が得られない産業社会の法則から脱皮できるのだ」

インターネットよりも成長しているのは健康産業

私がドラッカーさんの教えにほれ込んだ最大の理由は、彼が常識のウソ、固定観念を打ち破る柔軟な考えの持ち主だったからです。

ドラッカーさんはインタビューの中で私に問いました。一九九七年に初めてインタビューしたときでした。

「今、アメリカで最も成長している産業はなんだと思うかね、酒井さん？」

ネットバブルが弾ける前でしたから、私は間髪入れずに答えました。

「そりゃあ、インターネット産業でしょう」

私は自信満々で答えました。ドラッカーさんはそのゴツゴツした英語で、

「ノー」

答えは健康機器産業でした。

心臓病やガンなど死に至る病の治療法が次々と開発され、現代人は昔の人間に比べ

て健康になったし、寿命は延びている。

ところが現代人の認識は違う。常に自分たちの健康を気遣うようになった。おなかが出ているだの、体脂肪が増えただのと。昔の人に比べれば断然、健康になっているのに、自分たちは不健康だと思っている人がいかに多いことか。そのため、アメリカ各地にフィットネスジムができ、自宅で使う健康器具が大流行した——。そういう説明をしてくれました。

現代人は寿命が延びても健康ノイローゼ

ドラッカーさんは目の前にあったコップの水で話を続けました。

あなたの目の前にあるコップの中においしい水が半分入っていると思い描いてください。あなたはのどが渇いていると想像してください。さあ、コップの水を見てどう思いますか。

「まだ水が半分入っている」

と考える人は楽観主義者です。

「もう半分しか入っていない」

固定観念を破り、認識を変化させれば革新の出発点

もっともっと
ダイエットしなきゃ
現代の人間は、
昔に比べて
健康だし、
寿命も延びて
いるんだけどな
神様

と悲観する人もいるでしょう。

逆もあります。コップの中に苦い薬が混じった水が半分入っています。

「もう半分飲んだぞ」

と考える人は楽観的な人です。

「まだ半分も入っているよ」

と思う人は悲観主義者です。

つまり、昔の人に比べて健康だし、寿命も延びているのに、現代人はそうは考えない。「自分は不健康だ」「自分の体型は悪い」と一種の健康ノイローゼになっているわけです。そういう人々の認識を上手にすくい取ったのが、健康機器産業だというわけです。

「認識を変化させることで革新は生まれ

る」

とドラッカーさんはいいました。「切り口を変えてみよう」と私たちはよく口にしますが、まさに見方を変えればヒット商品が生まれるということです。

ホンダの創業者本田宗一郎さんのアイデア創出法

自動車会社ホンダの創業者である故・本田宗一郎さんは実に魅力的な人物でした。私が毎日新聞社でモータースポーツの担当をしていたころにお目にかかったことがあります。型にはまらないというか、豪放磊落《ごうほうらいらく》というか、とにかく愉快な方でした。本田さんは静岡県浜松の出身です。私は新聞社に入ってすぐ浜松支局勤務になりましたので、本田さんの創業スピリットには若いころから興味がありました。『日経ビジネス』でホンダを担当して、その遺伝子が従業員の一人ひとりに浸透している会社だな、と感銘を受けた時代もありました。

本田さんは実に話がおもしろい。なぜおもしろいかといえば、常識にとらわれない自由な発想をされる方だからでした。創造性を身に付ける秘訣を聞いたことがありますが、

「なにごとにも興味を持つことが、アイデアを生む第一歩だ。現場に行けば、おもしろいことはたくさんある」

と本田さんは語っていました。

本田さんが柔らかい頭を持っていた理由の一つに、現場主義に徹していたということがあると思います。

それを象徴するエピソードを、ホンダの元副社長の入交《いりまじり》昭一郎さんから伺ったことがあります。入交さんは、本田さんから直接、薫陶を受けた最後の世代です。

入交さんは東京大学出のエリート社員でした。あるとき、自動車レースF1用エンジンの開発を任されました。入交さんはその仕事の前に二輪車用エンジンをすでに三基開発していましたし、東大では航空機エンジンを学んでいましたから、自分の実力に自負と自信がありました。

ところが、自分が開発したF1用エンジンのピストンがレース中に焼けついてしまったのです。調べてみると、ピストンの下の部分が焼けていました。車体を軽くするためにピストンの下の部分を細く削るように設計したのです。

「理論的にはピストンが受ける熱は上のほうだけで下には伝わらないはずだ」

と入交さんは考えましたが、本田さんは、

「だから俺は大学出が嫌いなんだ。設計をする前になぜ周囲の意見を聞かない。それぐらいお前はバカだ。迷惑をかけた機械現場の皆に謝ってこい」

と頭にゲンコツが飛んだのです。

理論優先を嫌い、徹底して現場力を信じたのです。ホンダには現場、現物、現実を大事にしようという「三現主義」なる思想が根付いていますが、その源流には本田さんの現場主義があります。

そういえば、本田さんが二輪車を生み出したのは好奇心からでした。戦後すぐ、戦災の焼け野原を歩いていたとき、本田さんは放置されていた小型エンジンを見つけたのです。きっと、

「なにかに使えるかもしれない」

と考えたのでしょう。

それを家に持ち帰って、自転車にこの小型エンジンを付けたら動くのでは、とひらめいた。それが二輪車メーカーとしての始まりだったわけです。ちなみに燃料タンクはどうしたか。近くにあったブリキ製の湯たんぽを使った。これが二輪車開発の最初

の最初なのです。

二輪車で国内市場を席巻したホンダは一九五七年、通産省（現経済産業省）の反対を押し切って四輪車市場に進出します。それから二〇年後、二輪車で国際企業としての感覚と自信を得たホンダは日本の自動車メーカーとして初めてアメリカで乗用車を現地生産し、今ではアメリカ市場で最も成功した外国企業の代表になりました。戦災の焼け野原で捨てられていた小型エンジンに本田さんが興味を持ったこと。これが、今のホンダをつくり上げる始まりだったのです。

「イノベーションの壁」を突破したｉＰｏｄ

なにか新しいものを生み出すには、突破しなければならない障壁があります。私は、「イノベーションの壁」と名付けています。その障壁が厚ければ厚いほど、突破したときの効果は大きくなります。それを一般的には「ブレークスルー」と呼ぶのです。

ブレークスルーを引き起こすきっかけとなるのが、ドラッカーさんがいっていた「認識の変化」です。固定観念の打破です。

これまでに生まれた世紀の発明が、当初の狙い通りに生み出されたものではないことは、この本で示す事例を見ていただければわかります。しかし、偶然の産物であったとしても、それをイノベーションに結びつけるのは認識の変化であり、固定観念の打破です。

よく知られたヒット商品、アップルのｉＰｏｄをケーススタディしてみましょう。ソニーの「ウォークマン」を凌駕したデジタルオーディオｉＰｏｄには、たくさんのイノベーションが含まれています。東芝のハードディスクや韓国サムスンのフラッシュメモリーなど心臓部品は他社に委ね、デザインも外部に任せるという、従来のモノづくりでは考えられないアウトソーシング型開発モデルを実現しました。

ｉＰｏｄが成功した最大の要因はなんだったのでしょうか。私は、ｉＴｕｎｅｓ Ｍｕｓｉｃ Ｓｔｏｒｅ（アイチューンズミュージックストア、以下アイチューンズ）だと考えます。ｉＰｏｄは、音楽配信サービスのアイチューンズで音楽を買い、ダウンロードする仕組みです。二〇〇八年春には、アメリカで累計五〇億曲の楽曲販売を実現しました。

このネット上のサイバーストアこそ、「イノベーションの壁」を突破したブレークスルーなのです。

最大の壁は、楽曲の著作権でした。楽曲の著作権はそれぞれのレコード会社に属します。当時の常識では、各レコード会社がパソコンメーカーに著作物を委ねるなんて考えられませんでした。ライバル社と一緒になって楽曲を売ることもあり得なかったのです。なぜなら、レコード会社にとって楽曲の著作権を管理する力こそ、競争力の源泉だったからです。

アップルがそんな常識破りをしてアイチューンズを開設しようとしたことが、「破壊的イノベーション」を生み出す出発点になったのです。

なぜアップルは、その常識を打ち破ったのでしょうか。二〇〇三年春、アイチューンズはサービスを開始したのですが、最初から世界五大レコード会社が楽曲を提供しています。

アップルのCEO（最高経営責任者）のスティーブ・ジョブズさんが各レコード会社のトップを直接口説き落としたのですが、ジョブズさんのカリスマ性だけで「イエス」というほどレコード会社のトップはお人好しではありません。

時代背景が事の成り行きを大きく左右しました。ファイル交換ソフトの脅威です。

ナップスターというファイル交換サイトの登場によって、レコード会社が脅かされたのです。それ以前に、「MP3」というデジタル圧縮技術が開発されたことがすべての始まりで、それによって、ネット上でのデジタル音楽ファイルのやりとりが可能になったのです。

ナップスターのモデルは当初、無料でファイルを交換するものでしたから、そのビジネスモデルは違法とされました。しかし、レコード会社は簡単にネット上で音楽データが交換できることに危機感を持ったのです。

そこに現れたのが、アイチューンズという課金モデルを備えたサイバーレコード店の案を抱えたジョブズさんでした。「違法ダウンロードと戦おう」というジョブズさんの説得に、サイバー上の無法者たちにてこずっていたレコード会社は首をタテに振ったのです。アイチューンズは今では、八〇〇万楽曲を扱うようになりました。

大事なことは、常識の壁を破って新しいものやサービスを提供するという永遠の課題をどう解決するかです。イノベーションの壁とは、すなわち常識という呪縛です。人間には都合が悪い情報を遮断してしまう癖があります。脳医学者の養老孟司さんがミリオンセラーの『バカの壁』（新潮新書）で指摘したのは、このことです。

「バカの壁」を突破した無洗米

バカの壁を突破して開発し、ヒットした商品の一つに無洗米があります。

おコメは、炊く前にとぎ洗いするもの――。

これが常識でした。母親からコメのとぎ方を教わり、三つ子の魂百までのごとく、その習慣を変えることがなかったのが日本人でした。

その常識を覆したのが、無洗米です。普通のおコメは、精米した白米の表面に精米機では取れないヌカが残ってしまいます。だから、家庭でとぎ洗いするのです。それに対して、無洗米は、袋からおコメを取り出して水を注ぎ、しばらく置いておけば、後は炊くことのできる手間の要らないおコメです。

普通のおコメの消費量は毎年減っているのに、無洗米の生産量、消費量はグングンと伸びています。首都圏の生活協同組合では、おコメの販売量の半分が無洗米という地域も出てきました。世紀のヒット商品と呼んでもおおげさではありません。

無洗米を最初に開発したのは、和歌山市で精米機製造・販売業を営む東洋精米機製作所社長の雑賀慶二さんです。

雑賀さんは、主婦が炊く前にとぎ洗いしないで済む便利さを最初に考えて、無洗米を開発したのではありません。地元の紀淡海峡がヘドロや赤潮で汚れているのを目の当たりにして、おコメのとぎ汁が汚染の原因になっていると考え、とぎ汁を出さなくても済むおコメの開発に乗り出し、実現したのです。

例えば、東京湾が汚染されている原因の七割は家庭排水です。家庭排水にはトイレの排水や風呂場、洗濯から出る生活雑排水がありますが、特定非営利活動法人・全国無洗米協会によれば、生活雑排水の中でとぎ汁の占める割合が一番高いのです。

無洗米は最初、便利商品として家庭の主婦に普及しました。冬の間、おコメのヌカを取るために、冷たい水に手を浸す必要がありません。洗う手間がないので、家事の時間短縮にもなります。

うれしいのは、便利商品としての無洗米が、開発者の狙い通り、次第に環境商品として認知され、購入されるようになったことです。

三重県の漁業協同組合連合会は、海の汚染を防止するのに一役買おうと、組織を挙げて無洗米の共同購入をしています。四国の四万十川ではキャンプ場のルールとして、食器や洗濯物の川での水洗いを禁止するとともに、無洗米を推奨しています。

小中学校では米飯給食が週に数回提供されますが、とぎ汁が排水溝のヘドロの原因になるということで、無洗米の導入を進めています。環境経営を進める企業の中には、社員食堂のおコメを無洗米に変える動きが活発です。

使い物にならない接着剤からポスト・イット

発想を変えることで生まれたヒット商品は、イノベーションの歴史の中に数え切れないほどあります。「世の中に存在しない製品の開発」を社是とするアメリカ3M。この会社が生み出した「ポスト・イット」は、発想を切り替えなかったらこの世に誕生しなかった商品です。

ポスト・イットが生まれたきっかけは、失敗作の誕生でした。接着力の強い接着剤を開発していた研究者が、しっかりとくっつくけれど簡単にはがれてしまう接着剤を偶然生み出したのです。簡単にはがれてしまう接着剤は使い物になりません。失敗です。

その開発者はあきらめ切れませんでした。新しい用途はないだろうかと、社内でアイデアを募集しました。

簡単にはがれる接着剤の話を聞いた別の開発者が、あるとき、ひらめきました。場所は、キリスト教会の会堂でした。彼は聖歌隊のメンバーでした。礼拝のときに歌う曲のページをすぐに開くために賛美歌集にしおりをはさんでいました。そのしおりが、賛美歌集からすべり落ちるのを見て、「あの接着剤は使える」とひらめいたのです。

ポスト・イットが開発され、製品化され、人々に受け入れられるためには、製造工程の改良、普及のためのマーケティングなど大変な苦労のプロセスを経なければなりませんでした。しかし、大事な点は、「しっかりくっつくが簡単にはがれるしおり」という用途開発に成功したことです。そして、しおりというだけではなく、新しいメモノートとしてのコンセプトを打ち出したことで、最初は企業の秘書たちに愛用され、ついには世界的なヒット商品に発展していったのです。

「すぐはがれる接着剤なんて役に立たないよ」と従来の常識で考え、あきらめていたら、ポスト・イットは生まれなかったのです。

柔軟な思考はヒットの出発点といえます。ヒット商品を生み出すきっかけは、実にたわいもないことです。イノベーションやブレークスルーというと、大量の開発費を投入して生まれた画期的な技術を駆使して創造するものだと思っている人が多いのですが、実はそうではないのです。

ドラッカーさんが指摘するように、

「イノベーションは壮大なものではない。身近なものである」

という格言がぴったり当てはまります。

固定観念を打破するアイデアが革新の第一歩

ドラッカーさんは、斬新なアイデアだけがイノベーションを生み出すとはいっていません。イノベーションを生み出すためには組織的活動が不可欠であると指摘しています。しかし、固定観念を打破するアイデアこそ、イノベーションの第一歩であることを否定してはいません。だからこそ、「認識の変化」をとても重要視していたのです。

ドラッカーさんはいいました——それは違う！

インターネットが歴史始まって以来の革命というウソ

「コンピューターやインターネットによって便利になったことが、革命そのものだと勘違いすべきではない」

ドラッカーさんは生前、インターネットをあまり高く評価していませんでした。その理由はインターネットを使わなかったからではありません。その影響力がまだ微々たるものだと評価していたからです。インターネットに端を発する情報革命についても同様の見解でした。

「現段階での情報革命は、一五世紀の印刷革命に比べれば衝撃度はまだ小さい。グーテンベルクが発明した印刷技術によるコストの削減は今の比ではない」

ドラッカーさんによれば、今起きている情報革命は、人類の歴史から見れば四番目の情報革命です。

一番目は、五〇〇〇年から六〇〇〇年前、メソポタミアで生まれた文字の発明でした。それから数千年して中国で同じことが起き、中央アメリカのマヤ文明でも文字が発明されます。

二番目は、本の誕生です。紀元前一三〇〇年ごろの中国が最初です。

三番目は、一四五〇年から一四五五年にかけて、グーテンベルクが発明した印刷技術です。

「印刷技術は社会構造を変えた」

というのです。

その一端を示すなら、印刷技術の発明によって書籍が普及し、その結果として次から次へと大学が生まれ、教育制度を根底から覆したのです。ルターらキリスト教・プロテスタントの主張が本となって、それまで聖書やキリスト教の解説書を自らの目で読むことのできなかった一般大衆が読めるようになった。それまでは、ローマ・カトリックの神父の話を聞いて信じるしかなかったのです。印刷技術の発明の結果として、プロテスタントの主張がヨーロッパ全土にあっという間に広がり、宗教改革の下地をつくりました。

「それに比べれば現在のハイテクは社会構造を変えるまでには至っていない。高度に発達したコンピューターでさえ、内部のデータを加工しているにすぎない」

とドラッカーさんは指摘したのです。

インターネットによる情報を重視する経営者や経営幹部にも警告を発しています。

「コンピューターは自動車工場を自動化するなど運営面では絶大な効果を人類にもたらしたが、情報の変革という点から見れば、印刷技術が発明された時代と変わってはいない。にもかかわらず、なにか素晴らしい情報がコンピューターの中に入っているのではないかと催眠術をかけられ、コンピューターに入っていない重要情報に注意を払わなくなっている経営者が多い。

これは明らかな逆行だ。今のところ、優れた企業のトップは新しい情報技術を使おうとしない。現状の情報技術では、トップが意思決定を下すために必要な情報は得られない」

ドラッカーさんは、まだ発展途上とは評価しながらもeコマース（電子商取引）がもたらす影響には大いに注目していました。それは、多くの消費者が店舗で買い物をするときでさえ、インターネットで商品の価格情報を見るようになるからだという理由でした。インターネットは消費者に多大な利便性を提供したことは紛れもない事実です。しかし、経営情報のツールとしてのインターネットは、発展の余地がたくさんあるのです。

第二章

当たるも八卦、当たらぬも八卦

予期せぬ失敗に学べ

「一九世紀の経済史の中で最も注目すべき人物である渋沢栄一でさえ、需要を見誤った」（ドラッカーさん）

ある市場を狙って企業が商品を投入しても、狙った市場では売れず、別の市場で売れることがよく起きます。革新とは思わぬところで起きるのだとドラッカーさんは指摘しています。予定した通りに事を進めるのだけが経営者の役割ではありません。予期せぬ失敗を認めて受け入れるのも、トップのリーダーシップなのです。

八〇歳のドラッカー夫人が発明した商品

二〇〇三年一月、アメリカ・カリフォルニア州クレアモントのドラッカーさんのご自宅を訪問したとき、奥様ドリス夫人がちょうどテニスから帰られたときでした。テニスは奥様の日課になっていると、ドラッカーさんは教えてくれました。

ドラッカーさんはそのとき、九三歳でしたから、奥様は八八歳前後です。しかし、そのテニスルックから拝見するに、とてもカクシャクとされていました。

ドラッカーさんはインタビューの中で、奥様の発明品のことを紹介しました。

物理学者でもあり発明家でもある奥様は、八〇歳のときにベンチャービジネスを始めました。今、日本では、六〇歳の定年間際になると、

「ああ、もう会社人生も終わり」

なんて気力をなくす人が結構いますが、定年間際の人、負けてはいられません。

彼女がベンチャービジネスを始めたのは、あるソフトウエアを開発したからです。

そのソフトウエアを使うと、講演会などの広い会場で講演者の声がちゃんと後ろの席の人まで届いているかどうかを測定できるというのです。

「最初は講演会などをやっているセミナー業者に売ろうとしたが、さっぱり売れなかった。フタを開けてみると、その装置を買い求めてきたのは、話し言葉を直すスピーチセラピストだった。脳卒中で倒れた後のリハビリをしている患者や、言語障害の子どもたちの治療に使うためだ。アメリカには四万五〇〇〇人のスピーチセラピストがいて、大変大きな市場だ。製造業者（実は奥様のこと）が予想しなかったところで売れた話だ」

ドラッカーさんが伝えたかったのは、ブレークスルーは思わぬところで起きるということです。

日陰者だったから成功した？ 日本発OSのトロン

そこで思い出したのが、トロンでした。

日本が生み出したコンピューター用OS（基本ソフト）です。OSはオペレーティングシステムの略で、マイクロソフトのウィンドウズのようにコンピューターを動かすための道具です。

世界で最も普及しているOSはなにか。マイクロソフトのウィンドウズではありません。トロンです。携帯電話を動かしているOSのほとんどは、トロンです。トロンを開発したのは、東京大学の坂村健教授です。坂村教授は、アメリカの国家戦略の前に辛酸をなめたことがあります。それが、トロンの進む道を大きく変えました。

日本には小中学校の教育用パソコンにトロンをOSとして開発し、使う計画がありました。ビジョンとしては、教育現場を皮切りに国産OSを育成し、世界に広めたいという願いもありました。

ところが、アメリカ政府は、この産学協同プロジェクトに待ったをかけました。「日本政府による市場介入だ」と。

結局、国産OSを育てるという壮大な計画は中止せざるを得なくなりました。しかし、トロンは死にませんでした。表舞台から消えたかのように見えて、隠れた部分でトロンは生かされていくのです。

携帯電話だけではありません。自動車のエンジンの制御にも使われています。ネット家電、情報家電といわれる成長商品の中核部品にもなったのです。俗にいう「組み込み型OS」の世界でトロンは世界を席巻したのです。

「予期せぬ変化」で生まれた電子レンジ

ここで注目していただきたいのは、教育用コンピューターのOSとして華々しくデビューするはずだったトロンの当初の計画が、アメリカ政府の横槍で頓挫させられたということ、その代わり、トロンが組み込み用のOSとして目立たない分野で使われてきたということです。

歴史に「もしも」があったなら、教育用パソコンのOSとしてトロンが普及していたら、組み込み用としては今ほど普及しなかったかもしれないということです。携帯電話、デジタルカメラ、自動車のエンジン制御用チップ、炊飯器やエアコン、ファクス、通信カラオケと、トロンが使われている機器は実に多彩です。

今後、トロンが「どこでもコンピューター＝ユビキタス」を実現する切り札になっていくのです。教育パソコン用として大々的に使われるはずだったトロンが、別の使われ方で蘇ったのです。

これこそ、「予期せぬ変化」ではないでしょうか。

私たちの日常生活に欠かせない電子レンジも、予期せぬ変化の中で生まれた発明品です。

電子レンジはどこで生まれたか。アメリカの軍需企業レーセオン社のレーダー開発の現場で生まれました。時は、第二次世界大戦の末期。ナチスドイツと戦うための新型レーダーを開発しようとしていたときです。ある研究者が新型レーダーであるマグネトロンの近くに立っていたとき、ポケットに入れていたキャンディーが溶けているのに気付いたのです。

マグネトロンはマイクロ波を発生する装置です。マグネトロンの前に今度はポップコーンの材料を置いてみたところ、ポップコーンが弾けて飛んだのです。実験を繰り返し、マイクロ波が熱を発生させることを発見したのです。この研究者がお菓子好きでなかったら、電子レンジはこの世に誕生しなかった？　といった想像が働きます。それぐらい、電子レンジが商品化されるきっかけは、想定外の場所での偶然の発見だったのです。

市場調査は基本の基本、しかしそれでも売れないときは

企業が製品を開発するとき、まずはターゲットを決めます。顧客となる人たちはどんな人たちか。市場規模はどれぐらいあるか。その市場にライバルはどれぐらいいるか。自分たちの製品が他社製品とどこが違い、その違いが他社製品より勝っているか。そして、この製品はどれぐらいの市場シェアを取れるか。

こういった市場調査は基本中の基本です。そして、企業は地域を限定したりして、テストマーケティングを繰り返し、うまくいけば全国発売に踏み切るわけです。

実はこういうテストマーケティングをしても、予想したようには売れないのが世の常です。そうそう、おいしい市場はころがっていませんし、机上で考えたことがずばりと当たるわけでもありません。

でも、狙った市場で売れなくても、あきらめないでほしいのです。

「もしかしたら、この製品は売るべきお客さんが違ったんじゃなかろうか。使い方が違ったのだろうか。ほかの分野で使えないか」

と粘り抜いてみせたとき、実は壁を打ち破り、革新的な商品が生まれる可能性があ

るのです。

IBMの成功は、市場選択の誤りから始まった

ドラッカーさんが私に示した事例は初期のコンピューターの開発話でした。IBMが最初の近代計算機をつくったとき、狙ったターゲットは銀行でした。銀行の事務機として使ってもらおうと想定したのです。

ところが売れない。まったく売れない。

なぜか。

それはそうです。最初の近代計算機が誕生したのは、一九三〇年代のことです。どんな時代でしょうか。一九二九年に世界大恐慌が起きた直後です。アメリカは不況の真っただ中。当時、名目GNP（国民総生産）が五割近くも縮小した時期でした。卸売物価は四割下落し、しばらく前までの日本のデフレ不況など比較にならないほどでした。企業の収益、もうけは半減。四人に一人が失業したのです。

銀行はどうかといえば、一九二〇年代に二万五〇〇〇あったのが、三〇年代の終わりには一万の銀行がこの世から消えたのです。

銀行に計算機を買う余裕などあるはずがなかったのです。

しかし、捨てる神あれば拾う神ありです。

ニューヨーク市の公立図書館が大量に買ってくれたそうです。公立図書館の図書データを処理するための機械として買ってくれたのです。

そういえば、この時期は、F・ルーズベルト政権のニューディール政策が実施された時期です。景気対策として公共事業を使ったわけで、テネシー渓谷開発公社の創設が一番有名ですよね。

アメリカ政府がどんどん政府資金をつぎ込んで需要をつくり出した。そんな時期でしたから、ニューヨーク市の公立図書館にも資金がたくさん回ってきていたわけです。そして、彼らは図書のデータベース化のための手作業に悩まされていたのです。

近代計算機はこうやって顧客を見つけ、それから三〇年後に本格的なコンピューターの誕生を待つことになるのです。ドラッカーさんがいっていたのは、次のようなことでした。

「三〇年後の本格的なコンピューターも最初は軍事目的か科学用の計算機として開発されたが、実際には企業の給与計算用として使われた。一九五〇年当時、ＩＢＭには給与支払いのためにコンピューターを使う技術がなかった。

その技術を持っていたのは、ユニバック（今のユニシス）だけだった。しかし、ユニバックは商業用のコンピューター需要があるという事実を受け入れず、技術を持たないＩＢＭがその事実を受け入れて民間のリーダーになった。

当時、コンピューターの製造会社だったゼネラル・エレクトリック（ＧＥ）もウエスチングハウス・エレクトリックも、この商業用の需要に目を向けることはなかった」

ＩＢＭのコンピューター誕生プロジェクトに実際に関わった一人がドラッカーさんですから、この証言は間違いないはずです。

明治の資本家・渋沢栄一でさえ需要を見誤った

ドラッカーさんはさらに時計の針を昔にさかのぼった事例を示しました。

「過去一五〇年の歴史の中で最も成功した発明をご存じか」

ミシンだというのです。一八カ月という早さで世界中に普及した商品はほかにないというのです。

このミシンは当初、工業用として開発されました。仕立屋のプロに使ってもらうためです。ところが、誤算がありました。プロは手縫いにこだわったのです。正確には、手縫いの一〇倍以上の速度で布を縫う機械を使うフランスの仕立て職人がいました。しかし、先見の明のあるその職人の店は、成功をうらやみ機械化を恐れる同業者たちによって破壊されたのです。

十数年後、舞台はアメリカに移ります。発明家アイザック・シンガーが、客が修理に持ってきたミシンを研究・改良して、使いやすいミシンを開発するのです。しかし、このシンガーでさえ、家庭婦人向けにミシンを売ろうとは考えなかった。それを考えたのは、別の人でした。

いずれにしても、プロ用として考え出されたミシンが、家庭婦人用として売られたことで、瞬く間に世界中の家庭に普及したのです。その背後に、「割賦販売方式」という金融販売上の革新があったからこそ、普及した面もありました。

「家庭用ミシンは、特に中国に巨大な市場があった。夫や子供のために一日八時間もかけて服を縫っていた主婦の負担を減らした功績は大きい」

とドラッカーさんはいいました。

日本の歴史的事例についても触れました。

「明治の資本家である渋沢栄一は、一九世紀の経済史の中で最も注目すべき人物である」

と日本の歴史に詳しいドラッカーさんは評価していました。が、その渋沢でさえ、需要を見誤ったというのです。渋沢が犯した見通しの間違いとはどのようなものだったのでしょうか。

一八七三年、渋沢は日本最初の商業銀行としての第一国立銀行を設立します。その名称から国営銀行に思えますが、そうではなく「国立銀行条例」という法律にもとづいてつくられた銀行だからそう呼んだだけで、あくまで私営の銀行です。

渋沢は当初、第一国立銀行の商売相手を明治政府と考えていました。ところが、最初に繊維輸入会社が、次に繊維メーカーが借り入れにやってきて、渋沢は商業銀行の役割が民間市場にあることに気付かされるのです。

「卓越した渋沢でさえ、需要を見誤った」

とドラッカーさんは語り、需要の見誤りそのものが問題ではないことを強調しました。

二日酔いよりシミ防止で大成功したハイチオールC

日本の製品でも使い方が違った事例はいろいろあります。

ある晩、健康雑誌の編集者と酒の席をともにしたら、

「これを飲んだら、あまり二日酔いにならないよ」

と錠剤を目の前に出してきました。テーブルの上に並べられたのは、一般的な「秋ウコン」と白いカプセル錠剤。秋ウコンはブームになっていたので、よく知っていました。ウコンに含まれるクルクミンという成分が肝臓を強化してくれるのです。

「白いほうの錠剤はどこの商品？」

と尋ねたら、

「これ、エスエス製薬が出しているハイチオールCだよ。この錠剤に入っているL・システインが血液中の二日酔いを起こす物質をさっさと分解してくれるんだ。相手を酔わせて、自分はあまり酔いたくないときは、飲む前にウコンとハイチオールCの組み合わせで飲めば、ばっちりだよ」

と彼は自慢げに答えました。健康のことについては、誰よりも情報を持っている彼

市場選択の誤りは、世の常、ヒットの前兆

当初もくろんだ計画		実際の使われ方
銀行の事務処理	IBM初代コンピューター	公立図書館の図書整理
商売相手は明治政府	渋沢栄一の第一国立銀行	繊維メーカーなどの民間
教育用コンピューター	国産初のOS「トロン」	携帯電話、自動車のエンジン制御 情報家電、デジタルカメラ
二日酔い対策	ハイチオールC	シミ・ソバカス対策

のことだから、これはいいと以後、この二つのサプリメントを宴会の前に飲むようになりました。

それからしばらく経って、ある雑誌を読んでいたら、ハイチオールCの広告が出ていました。その宣伝コピーを見ると、

「シミ、気づかれないうちに、治しちゃお」

「『シミのもと』に効く」

と大見出しを打ってありました。広告本文を読んでみると、

「ハイチオールCは、主成分L・システインがメラニンの過剰な生成を抑制し、できてしまったシミを目立たなくします」

と、色素沈着症に効果があることを大き

くクローズアップしているのです。

二日酔いに関する記述は、広告文の最後に、

「また、体の疲れや二日酔いにも効果的です」

と申し訳程度にあるだけです。これはどうしたのだろうか。シミ・ソバカスを強調したほうが売りやすいのかな、もしかしたら二日酔いに効くというのは違うのかな、と考えていましたが、『日経ビジネス』の記事を読んだら、次のようなことが書いてありました。

「一九七二年に発売されたハイチオールCは、長らく全身倦怠、二日酔いを治す薬として売られてきた。実はハイチオールCは、シミ・ソバカスにも効果がある薬だった。それは『効能』として小さく表記されていたが、気付く人は少なかった。そこで、九九年にパッケージを刷新し、シミ・ソバカスにも効くことを大きく表記して女性にアピールしたところ急激に売り上げが伸びたのである」

ハイチオールCの最近の宣伝コピーは「シミ治療は、コツコツが大切」です。女性の美容に着目した長寿商品となっているのです。

口コミ、テレビ番組から使い方を広げた東レの眼鏡拭き布

使い方が違った例として、「これだ」と思った商品が、東レが二〇〇三年から発売を始めた、

「トレシー洗顔クロス」

です。そもそも、トレシーは眼鏡拭き用の布です。私も眼鏡をかけているので、日ごろから愛用しています。もう何十枚買ったかわからないほどです。

トレシーは、東レが持っている高分子技術から生まれた商品で、東レのホームページには「超極細繊維は、ミクロの汚れも逃しません」と書かれています。

「超極細」というぐらいだから、どれぐらいすごいのかと思ったら、本当にすごい。その微細度は「太さ二マイクロメートル」。これではわからないですよね。髪の毛の一六〇〇分の一と表現したらおわかりいただけるでしょうか。

確かに眼鏡レンズをトレシーで拭くと見事にきれいになります。トレシーを使うまでは、ハンカチとかティッシュペーパーを使っていましたが、時にレンズに傷をつけることがありました。

さて、洗顔用クロスはどうして生まれたかです。

東レが積極的に考えたわけではありませんでした。二〇代、三〇代の若い女性の間で、

「トレシーって洗顔に使えるわよ」

と口コミで広がったのがきっかけです。

そのうわさを聞きつけたテレビ番組が、トレシーの意外な使い方を紹介して、一気に洗顔用として使えることが広まったのです。眼鏡店でトレシーが品切れとなる店が続出し、東レもこのチャンスを見逃す手はないと考え、洗顔用クロスとしてパッケージを新たにして発売を始めたという次第です。

トレシーの用途は意外な分野に拡大しています。その拭き取り性、吸収性に優れた利点を生かし、工業用にも広く使われています。例えば、クリーンルーム内での清浄、半導体やプリント基板などホコリを嫌う製造工程での拭き取りでも重宝されています。メガネ拭き用の布として発売してから早二〇年が経ち、思わぬ使われ方をしているのです。

携帯電話も、通話をするという当初の目的とは違った使われ方をしています。電話

機の領域を超え、「多目的携帯端末」とも呼ぶべき状況です。

携帯電話にメールが付き、カメラが付き、そして音楽の記憶・再生機能が付きました。進化はさらに進み、おサイフ機能が付きました。電子マネーの普及を携帯電話が後押ししたのです。

注目すべきは、携帯電話が銀行になったことです。三菱東京UFJ銀行とKDDIが始めた携帯電話銀行「じぶん銀行」がそうです。

電子マネーが一種のプリペイドなのに対して、携帯電話銀行は携帯電話の中に預金口座を持つのです。預金残高の範囲内であれば、高額商品でも基本的に携帯をかざすだけで代金の支払いができるようになりました。ネットオークションや音楽のダウンロードをした際に、煩雑な手続きなしに預金口座から代金が直接引き落とされます。

それだけなら、プリペイドと大差はありません。携帯電話銀行は現在、円預金や振り込みなどのサービスを提供しています。将来的には、外貨預金、株式・投資信託、保険、カードローン、クレジットカードなどの金融サービスを予定しているのです。取引履歴を携帯画面で確認できる通帳機能も付いています。

全国に二〇〇〇店以上あるKDDIの携帯電話販売店「auショップ」の機能も進

化します。三菱東京UFJ銀行の「代理店」として、金融商品の販売・サービスを行うのです。携帯ショップで投資信託などを買って、携帯で払うことが当たり前になる日は近いといえます。

「予期せぬ成功は腹が立つ」が、謙虚に失敗を認める姿勢が大事

では、どうやったら本当の市場を見つけられるのだろうかという話に移りましょう。ドラッカーさんが『イノベーションと起業家精神（上）』（上田惇生訳、ダイヤモンド社）で書いている言葉がおもしろい。

「予期せぬ成功は腹が立つ」

ドラッカーさんの文体の特徴は、ずばりといい切るところです。実際にインタビューした際の英語録音を聞いても、よどみがありません。

腹が立つ、とはどういうことでしょうか。

自分が考えていた市場でヒットせず、自分が想定もしていなかった市場で売れる。自分の経営力、市場分析力が疑われるから、素直に認めたくない。だから、腹が立つという文脈です。

ドラッカーさんは次のようにいいました。「予期せぬ成功を認めることは勇気がいることだ。しかし、事実を素直に受け入れる謙虚さが大事だ」と。

加えてドラッカーさんが指摘するのは、次のような点です。マネジメントに対して会社から報酬が支払われているのは、その経営者が間違いを犯さないからではない。経営者の判断力を会社が買ったからだと。

そして、次のように書いています。

「マネジメントは、自らの過誤を認め、受け入れる能力に対しても報酬が払われている」

人間なのだから、失敗は付き物。失敗したら、軌道修正すればいい。いかに早く失敗を認め、受け入れ、次の態勢を組めるかどうかが経営力の一つだといいたいのです。

究極の予期せぬ成功、バイアグラを生み出したもの

この教訓が生きたケースを紹介しましょう。

それは「世紀の医薬品」とでもいいましょうか、「男たちを元気にした薬」とでも

いいましょうか。

その商品とは、勃起不全（ED）治療薬「バイアグラ」です。

「なあんだ。知っているよ、その薬なら」

と思われた方がほとんどでしょう。それほど万人に知られている薬です。しかも、バイアグラの成功を見て、「シアリス」などポスト・バイアグラ商品もライバル社から市場に投入されており、世紀の医薬品といってもいい過ぎではありません。

バイアグラは当初、心臓病の薬として開発が進んでいました。バイアグラの有効成分であるクエン酸シルデナフィルが、狭心症の治療剤として効くのではないかという研究が当初進められていたのです。

開発の段階でわかったのは、クエン酸シルデナフィルが勃起を引き起こす傾向があることでした。これは、狭心症にとっては、「副作用」以外の何物でもありません。

それだけが理由だったわけではないのでしょうが、この心臓病薬の開発計画は頓挫してしまいます。

ここまでは、イギリスにあるファイザーのサンドイッチ中央研究所での話です。

ある意味、お蔵入りしていたこの研究テーマに目を付けたのが、アメリカのファイザー中央研究所の研究者です。

「これ使えるんじゃないか」

とひらめいたのです。

心臓病の新薬開発の研究をしていたら、副作用が出た。しかし、その副作用に注目したら、世紀の薬が誕生したという次第。棚からボタモチみたいな話ですが、実はそうではないのです。

成功したのは、ファイザーが生活改善薬という新しい市場に熱い思いを持っていたからです。そのことをはっきりと悟ったのは、バイアグラを発売した当時のファイザーのトップにインタビューしたときのことでした。

当時のウィリアム・スティア会長兼CEOは、こういったのです。

「バイアグラのような生活改善薬に託す情熱が当社にあったからです。通常の疾病の治療ではなく、性的不全、肥満、皮膚の老化、抜け毛といった人々の悩みを解決し、生活を豊かにする薬を開発することも当社の大事なターゲットなのです」

企業家の熱い思いだけでもダメです。組織的な営みが必要なのです。

第一章で、ポスト・イットが生まれた経緯を紹介しました。「簡単にはがれる接着剤」を発明した開発者と、しおりの代わりとして使えないかと考えた研究者は別人でした。

イノベーションとは、一人の人間の天才的ひらめきだけで生み出されるものではありません。一人で走るマラソン型の発明よりも、何人もの人間がバトンを渡して走る駅伝型の発明のほうが、より成功例が多いのです。

だからこそ、イノベーションが経済を変動させると唱えたオーストリア出身の経済学者ヨーゼフ・シュンペーターは、イノベーションを「新結合」と呼んだのです。

そう難しくいわなくても、ことわざにも同じ教訓があります。「三人寄れば文殊の知恵」です。

不況になったのは日本的経営が失敗したからというウソ

ドラッカーさんはいいました――それは違う!

ドラッカーさんに問うてみました。

「日本経済が不況になったのはなぜでしょうか」

私の質問の意図は、ひどくシンプルなものでした。第二次世界大戦後、日本経済が奇跡的な復活を成し遂げたのは、企業が牽引力になったからです。だとすると、一九九〇年代に入って深刻な不況に陥ったのは、日本企業のなにが悪かったからなのかを知りたかったのです。もちろん、バブル経済を生み出した日本政府の経済政策の誤りについても意見を聞きたかったのです。

ところが、ドラッカーさんの答えは、意外でした。

「日本的経営が優れていたために日本経済は成功を収めたという通説がある」

と切り出してきました。「通説」という言葉で頭をガツンと殴られた感じでした。通説とは、世間で普通に認められている説のことをいいますが、その裏には「皆が信じているが、本当でないこと」という意味を含む場合が多いからです。

「過去、日本経済を成功に導いた最大の要因は、低コストの資金を使えたことと、裾野の広い産業を持っていたことだ。広範囲に及ぶ日本の産業が、ほぼ金利がゼロに近い資本を得て、安価な製品づくりを行った。若い人口構成の国であったからこそ、個人はせっせと預金をし、金融機関はそのカネを低利で産業に回すことができた」

終身雇用、企業内組合、年功序列を日本的経営の「三種の神器《じんぎ》」と呼んできました。終身雇用によって従業員は死ぬまで（実際には定年まで）安心して一つの会社に勤めることができる。そこから生まれる企業に対する忠誠心が企業の発展に寄与した。

企業内組合は終身雇用を補完し、同じ会社の従業員同士の結束を固いものにした。年功序列によって、「いつかはクラウン」ではないが「いつかは課長、部長」の出世意欲をかき立て、従業員に働く意欲を与え続けた。

これら三種の神器こそが、日本企業が発展していく上で原動力になった——。

そう日本人は思っていましたし、多くの経営書がそう書いてきました。

日本企業の経営者の中には、そういった三種の神器のシステムに乗って、企業を上手に運営した自分たちの実力を認めてほしいと思っている人もたくさんいます。日本的な品質管理の素晴らしさを強調したい品質管理の専門家もいます。

しかし、ドラッカーさんは日本経済がうまくいった根源的理由として、三種の神器を挙げませんでした。あっさりと、企業を運営するためのコストが安かったのだと断言したのです。

だからといって、ドラッカーさんは日本的経営がなにか間違いを犯したといっているわけではありません。バブル崩壊以降の不況、いわゆる一九九〇年代の「失われた一〇年」について次のように指摘しました。

「日本経済が不況になったのはなぜか。日本的経営がなにか間違いを犯したのか。まったくそうではない。一八世紀の産業革命をも上回る大変革が起きているからだ。今は奥深い過渡期に当たる。この移行期にあって、間違いは避けられない」

大変革期？

「経済が成熟化したから日本経済が下降線をたどっていて復活できないととらえるのも違う。どんな経済にも浮き沈みは付き物だ。アメリカ経済は一九八〇年代の一〇年間、長いトンネルを通って、それまでとは異なる新しい経済体制に移行した。日本も五年から一〇年の苦しみを経ねばならないが、その次には新しい経済体制の下で発展の時代が再び訪れる」

第 三 章

「業際産業」生むには
内部より外部情報

産業構造の変化を察知する仕組みが大事

「イノベーション(革新)を引き起こしたアイデアがどこから来たかを検証してみると、その九〇%は内部ではなく、外からもたらされている」(ドラッカーさん)

変化の激しい時代には、新しい産業が隆盛します。業種と業種をまたぐ「業際産業」はこれまでの産業分類ではとらえ切れません。そんな時代には、内部情報より外部情報が効果的です。業界地図が様変わりし、従来の分類ではとらえ切れない新産業が誕生しても、既存企業の内部情報ではその変化をキャッチできません。

変化の激しい時代には、外部情報が重要

「変化の激しい時代には、外部の情報のほうが内部情報より重要だ」

私がこれまで三回、ドラッカーさんに会って、いろいろと話を聞いた中で、ドラッカーさんが一貫して強調していたのは、「外部情報の有用性」でした。この章では、なぜ外部情報なのかという議論を進めていきます。

外部情報が重要になってきた背景には、産業構造の大きな転換があります。私が、「業際産業」と呼んでいる新しい産業分類が次々と誕生しています。産業構造が大きく変化していく場合には、企業組織のあり方も変わっていきます。インターネットの普及によって、組織構造の変革は加速度的に進んでいます。

まずは、一九九七年にドラッカーさんに初めて会ったときに彼が指摘した言葉を紹介します。インターネット社会が形成されるにつれて、その言葉はますます重みを増してきています。

「最近の新しい製品や技術、すなわちイノベーション（革新）を引き起こしたアイデアがどこから来たかを検証してみると、その九〇％は内部ではなく、外からもたらされている。

技術を見ればわかる。最新技術は、一九世紀から始まったやり方とは違った形で開発されている。

昔は、ある業界のある固有の技術が存在していて、その内部情報を使えば十分だった。異なる分野間の技術を交換しなくても済んだ。組織はタテ割りになっていたし、業界特有の技術を発展させるために大きな研究所をつくった。電話会社の研究所は、その電話会社が必要な技術を生み出すことが重要だった。

しかし、重要なアイデアは外部からもたらされることに気付いたからこそ、自前主義の大きな研究所がなくなってきている。違う業界の企業と提携関係を結び、大学とのパートナーシップを結んで外の情報を得ようとする動きが顕著になってきている。

こういった変化は、以前には考えられなかったことだ」

ダウンサイジング、アウトソーシング、IT革命がもたらした変化

外部情報がいかに大事か。ドラッカーさんは、ある事例を私に示しました。彼がコンサルタントをしていた企業の一つに世界最大のオフィス家具会社がありました。アメリカ市場の二〇%、ヨーロッパ市場の二五%のシェアを握っていました。オフィス家具に関する情報なら、この会社が一番知っているはずでした。

ところが実際はそうではなかったのです。

この話を聞いたのは一九九七年です。アメリカのオフィス市場に大変革が起きていました。しかし、最大手のオフィス家具メーカーは当初、市場の変化を見逃していたというのです。

市場の変化とはなんでしょうか。SOHO族の誕生です。ソーホー族。スモール・オフィス、ホーム・オフィスの略です。小規模事業者、個人事業者のことです。

アメリカでは、一九八〇年代後半から九〇年代にかけて、大規模なリストラが実施されました。日本に負けたアメリカの大企業は、競争力を回復するために事業規模を縮小し、同時にレイオフによって人員整理をやったわけです。これを当時の流行語で

いえば、ダウンサイジング、規模の縮小です。

と同時に、大企業は自前でやっていた多くの仕事を外の会社に任せるアウトソーシング（業務の外部委託）を積極的に行ったのです。仕事がなくなり、一方で外注業務が増え、大企業に勤められないビジネスパーソンが山のように出てきたのです。

大企業に働き場所がなくなった人たちは、自分で会社を興して、アウトソーシング事業の担い手として復活しました。アメリカでソーホー族になった人は労働人口の四分の一、四〇〇〇万人いるといわれていましたから、大規模な市場が新たに生まれたことになります。

オフィス市場に変化を促したのは、それだけではありません。

ＩＴ（情報技術）革命の進展、インターネットの発展・普及が、ソーホー族を爆発的に増やしていくきっかけとなったのです。

まとめると、ダウンサイジング、アウトソーシング、ＩＴ革命の三要素が揃ったときに、アメリカの企業社会は大企業中心から、一転して個人や小規模事業者を中心とした世界へと変わっていったわけです。

世界で八〇〇万部を売ったベストセラー『メガトレンド』（竹村健一訳、三笠書房）

の著者であるジョン・ネイスビッツさんは、ボストンで会った際に、次のような指摘をしていました。

「アメリカ経済がなぜ一九九〇年代に復活したのかを考えるとき、政府がなにか優れた政策を施したと早合点する人たちがいるが、それは間違っている。政府がなにもしなかったから、アメリカの競争力は高まった」

さらに次のような指摘をしていました。

「アメリカ経済が復活したのは、大企業が努力したためかといえば、これも違う。アメリカ経済の主体はすでに大企業から小企業に移っている。アメリカの輸出の半分以上は、従業員が一九人以下の小企業によるものだ」

アメリカ経済復活の立役者は、実はソーホー族たちだったのです。

ドラッカーさんの説明に戻ります。

アメリカ最大手のオフィス家具会社のトップは、

「お客さんの五分の一は自分たちの店を訪れるから、自分たちがオフィス家具については一番情報を持っている」

という自負がありました。

激変の時代は内部情報より外部情報が有用

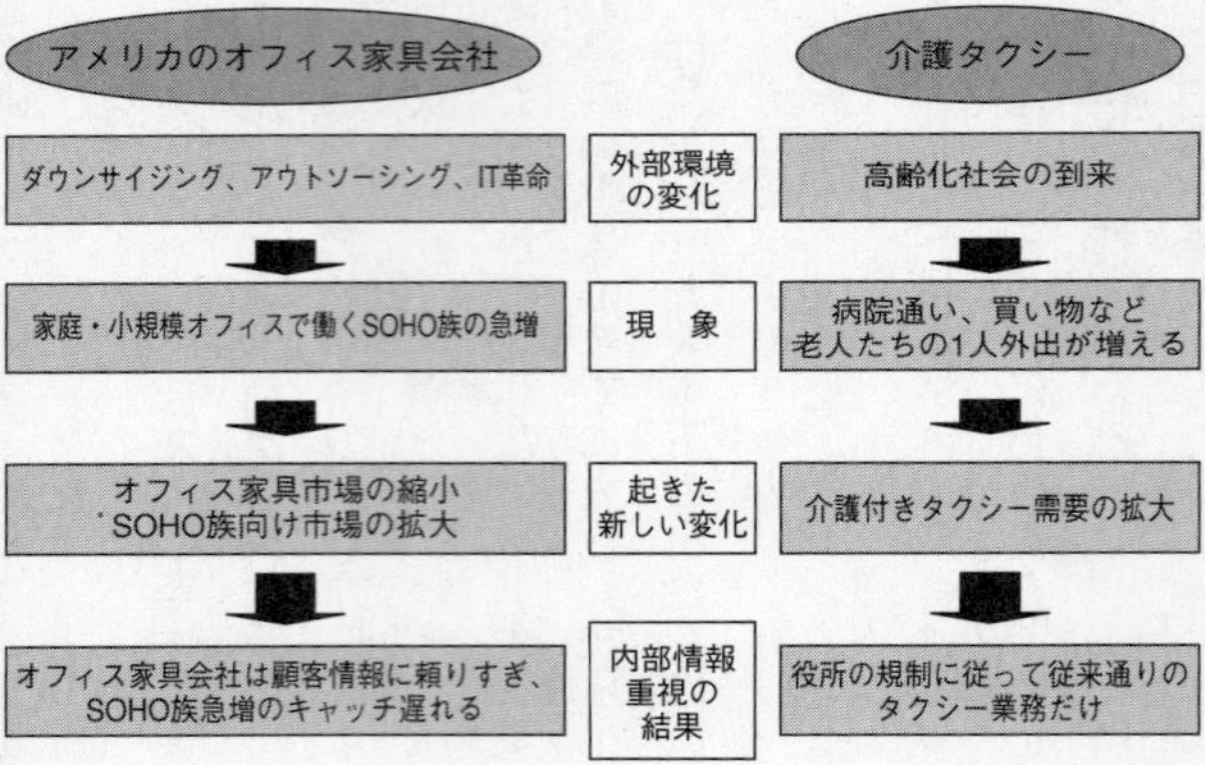

しかしです。一九九〇年代後半には、急激に膨れ上がったソーホー族たちは、伝統的なオフィス家具メーカーにオフィス家具を買いに行かなかったのです。

ソーホー族たちは、自宅をオフィス兼用に使います。そうでなくても、少人数の会社だから、アットホームな雰囲気を醸し出したいと考えます。ましてや、アメリカのハイテク地域、シリコンバレーの起業家たちはネクタイをせず、Tシャツ、ポロシャツ姿で働き、オフィスの内装も自分好みにしています。

そういう影響もあるから、堅苦しいオフィス家具なんかは買いません。デパートやスーパーに出かけてリビング家具を買うのです。

「世界最大のオフィス家具会社は当初、この市場変化をまったく知らなかった。既存の客からは、そういう需要の変化は読み取れない」

「『顧客の声を聞け』と経営者はよく口にする。製造会社は顧客の要望を吸い上げて、それを製品開発に生かそうとしてきた。だが、この原則に従っているだけでは、真の情報は得られない。

冷静になって考えてみれば、わかるだろう。最も成功している企業でも市場で握っているシェアは三〇%だ。三〇%という数字がいわんとしているのは、七割の客がリーディング企業の製品を買っていないか、知らないということだ」

郵便局の独占市場に斬り込んだヤマトの小倉さん

このエピソードは、オフィス家具市場の縮小とソーホー向け家具市場の拡大という市場構造の大変化について説明しています。自分たちの業界や業種があたかも強固な岩盤の上に乗っていると思いがちですが、ドラッカーさんは砂上の楼閣にすぎないといっているのです。

「経営者は、あたかも産業構造が神によって定められてしまったものと考えがちである。しかし、産業構造などというものは、一夜にして変化しうるものだ」(『ブレークスルー思考』Ｈａｒｖａｒｄ Ｂｕｓｉｎｅｓｓ Ｒｅｖｉｅｗ編、ＤＩＡＭＯＮＤハーバードビジネスレビュー編集部訳、ダイヤモンド社)

ドラッカーさんにソーホー市場の話を聞いていましたから、この一文を読んで合点が行きました。

「産業構造が神によって定められてしまったものと考えがち」

これは名言ではありませんか。

「『顧客の声を聞け』と経営者はよく口にする。だが、この原則に従っているだけでは、真の情報は得られない」

これまた、経営の常道といわれる原則を踏みにじるものです。しかし、それが真実だとしたら、もう一度、自分たちのやり方を見直さねばなりません。

例えば、宅配便がそうです。

宅配便は、ヤマト運輸の故・小倉昌男さんが始めた新しいサービスでした。「宅急便」の名前で一九七〇年代半ばに個別宅配事業を始めた最初の日、ヤマト運輸が集めることができた宅急便は二個だったと小倉さんは回想しています。

三越の出入り運搬業者だったヤマト運輸でしたが、当時の三越経営者の横暴ぶりに小倉さんは、三越と縁を切る覚悟をしていました。三越という顧客の声ばかり聞いていたら、小倉さんの新しいビジネスはスタートできなかったでしょう。

小倉さんが個別宅配を思いついたのは、当時の新聞で見た牛丼・吉野家の記事だったそうです。

「牛丼一筋」

というフレーズに触発されたのです。

「なんでも運べるトラックは間違いではないか」

と考えたのです。吉野家のようにサービスメニューを絞り込む。ヤマトはもともと小さな荷物を運ぶのが得意だ。だったら、小規模の企業や家庭の荷物に絞り込んで商売を始めたらどうだろうか、と考えたのです。

三越と縁を切ることになるのは、宅急便を始めてから三年後のことになりますが、当時、ヤマト運輸の社内は猛反対でした。それはそうです。個別宅配事業はすでに世の中にあったからです。今でもある郵便小包です。全国津々浦々まで郵便局があり、国のお金も使ってサービスを展開する郵便小包業にだれが勝てると思ったでしょうか。

それが今では、「クール宅急便」「ゴルフ宅急便」「スキー宅急便」とサービスメニューを広げ、大成功しています。

無人短時間駐車場のパーク24は新産業

さまざまな企業を取材していると、

「この会社はいったい、どの業種、業界に分類すべきだろう」

と考え込んでしまうことがたびたびあります。時間貸し駐車場最大手の「パーク24」について初めて知ったときがそうでした。

車を運転する方ならお世話になった方も多いはずです。とりわけ、東京都心などでちょっと車を止めようとしたとき、駐車場がなくて困ってしまうことがあります。

「そうだ、ビルの谷間にコイン駐車場があるはずだ」

と探してみると、コイン投入式で無人の青空駐車場を見つけることができます。そのビジネスを本格的なビジネスとして育てたのがパーク24です。同社は、都会の空き地を短時間駐車場として使うビジネスとしてスタートしました。

最初は、バブルのあだ花企業なのではないのかと失礼な感想を持っていました。というのも、一九八〇年代後半から九〇年代前半のバブルの時代、都会では地上げで空き地になったものの、その後のビル建設計画が進まず、利用されない土地がたくさんあったからです。

確かに空き地の中には、駐車場にしたら便利な立地のところもたくさんありました。しかし、開発が進めば空き地も少なくなって、青空駐車場ビジネスは尻すぼみになるのでは、と見ていたのです。

ところが、どうですか。パーク24は、ますます隆盛しているではありませんか。売り上げは二〇〇三年一〇月期の四二五億円から、〇七年一〇月期には七五四億円に跳ね上がっています。〇七年の営業利益は一二六億円と、〇三年の二倍以上に成長しています。

同社の効率経営を支えているのは、独自の駐車場システム「TONIC（タイムズオンラインシステム）」です。全国の駐車場をコンピューターネットワークで結んでいます。各駐車場の稼働状況や入出庫情報などがリアルタイムで把握できるのです。

経営効率のためだけではなく、利用者の利便性を高めるためにもTONICが使われています。携帯端末やカーナビに満車や空車の情報が配信され、どの駐車場なら入れるかがわかるのです。さらには、クレジットカードなどのキャッシュレス機能やポイントプログラム「タイムズクラブ」を可能にしています。

果たしてパーク24はどの業種、業界に入れるべきでしょうか。伝統的業種分類で分類するなら、

「その他サービス業」

です。つまりは、伝統的な分類ではとらえられない新産業なのです。

介護タクシーは運送事業の枠を超えた「業際産業」

新しい産業の中には摩擦を引き起こすビジネスもあります。なぜ、あつれきが生まれるかといえば、役所によるタテ割りの規制があるからです。役所は、業界秩序のためにあの手この手の規制の網を企業にかぶせています。「消費者保護」といっていますが、お題目にすぎません。

消費者行政の強化策の目玉として、二〇〇九年度に新設される予定の「消費者庁」

は、タテ割り行政を打破し、消費者行政を一元化しようという試みとしては注目に値します。しかし、消費者庁が動き出しても、本当に食品偽装などによる消費者被害が防止できるかどうかは保証の限りではありません。消費者庁への権限移管をめぐって、他の省庁の抵抗はすさまじいものがあります。

介護タクシーという新ビジネスも、役所のルールを逸脱するビジネスであったために、役所はあの手この手でつぶしにかかった経緯があります。

介護タクシーを最初に考え出したのは、福岡県のメディスというタクシー会社でした。一九九八年に高齢者や障害者を対象にホームヘルパー資格を持つタクシー運転手が応対する介護タクシーのサービスを始めました。しかし、最初から役所のチャチャが入りました。まず最初は、運輸省（現国土交通省）からの指導でした。

メディスは、介護プラス乗車時間が合わせて三〇分未満なら二一〇〇円というパック料金サービスを二〇〇〇年春からスタートさせました。料金の九割までは介護保険でカバーする仕組みによって安い価格設定を実現したのです。

運輸省は、パック料金はまかりならぬとばかりに、

「料金メーターのスイッチを入れて、正規の料金を徴収しなさい」

と迫ってきたのです。

粘りに粘って、自分たちの料金体系で納得させることができましたが、次にクレームをつけてきたのは、厚生労働省でした。介護タクシー業者は、介護保険で定める「指定訪問介護事業者」に当たらないとしたのです。これは二〇〇一年のことです。

なぜ摩擦を引き起こしたかといえば、運輸省と厚生労働省という二つの役所にまたがる新サービスを提供してしまったからです。

「おれのシマを荒らすな」

といったやくざまがいの論理で自分たちの既得権を守ろうとした役所の志の低さが浮き彫りになりました。

今はどうでしょうか。介護タクシーは立派なサービス産業として認知されました。二〇〇三年四月の介護報酬改定によって、介護タクシーは訪問介護の一つとしてお墨付きを得たのです。訪問介護の中に「乗降介助」という介護タクシー向けの区分が新たに設けられました。

介護タクシーサービスは、既存のタクシー会社にとって救世主となりました。道路運送法の改正によってタクシー事業は事実上、自由化されました。新規参入がしやすくなり、これまで規制を受けていたタクシーの増車や価格設定がある程度自由に決められるようになりました。最近、タクシーが増え過ぎだと業者が悲鳴を上げ、再び規制を強め出していますが、過当競争に変わりはありません。

規制業種から過当競争へと流れが大きく変わる中で、介護タクシーはタクシー会社の大きな収益源となったのです。

一方で、介護大手も介護タクシー事業に参入しています。福岡の小さなタクシー会社が発案した新しいビジネスは、タクシー業界、介護業界を巻き込んでの新しい産業へと発展したわけです。

タクシーとは、車にヒトを乗せて目的の地点まで運び、おカネをちょうだいするものだ、とだれもが信じていました。だれが、タクシーとは目的の地点まで客を運ぶだけでなく、車を降りた後も車外で手助けするものだと考えたでしょうか。だれもその思いには至らず、福岡の一人の経営者が考え出したのです。

その後、メディスはタクシーの枠を超えたサービスメニューを増やしたため、ついにはタクシー免許を取り上げられて倒産してしまいました。残念なことです。

介護タクシーは、タクシー業と介護業をパックにしたことで生まれた新サービスといえます。介護タクシーこそが業界、業種を超えた「業際産業」ではありませんか。学問の世界でも「学際」という言葉があります。一つの専門を極めるだけでなく、他の学問との連携を取ることで新しい学問体系が生まれているのです。例えば、情報技術と遺伝子技術が結びついた「バイオインフォマティクス（生命情報学）」は今、期待されている学際の代表例です。

業際産業に二つのパターン、「混合産業」と「岡目八目産業」

ドラッカーさんは新しい産業が生まれる二つのパターンを示しました。一つは、伝統的な業種、業界でも中身は多様な業種が入り込み、すでに様変わりしているパターンです。

「第二次大戦以後に抗生物質が誕生して以来だが、薬の世界ほど発展した業界はない。ヘルスケアの進歩は、遺伝学とか微生物学、医学、電子工学といった、これまでとは違った世界の知識によって生まれている。薬の研究者その人にはわからない世界から情報が来ている。

ということで、大きな製薬会社は、遺伝学を研究している小さな研究室とパートナーシップを結ぶようになった。自分の研究所ですべてを完結させる伝統的なやり方は許されなくなってきている」

私はこの新産業を、

「混合産業」

と名付けてみました。

もう一つのパターンは、伝統的な産業の中にいる企業では気付かない新しい消費者ニーズを嗅ぎ取り、新しいサービスを生み出す第三者、新規参入者がつくり出す新市場、新産業です。私は、

「岡目八目産業」

とネーミングしてみました。

「日本を例外として世界的に急成長している業界に金融サービス産業がある。GEの金融サービス部門が典型例だ。資産管理もするしブローカーもやる。多様な商品を提供している。かつての銀行のように一つのサービスを提供するだけにとどまらない。

世界的に高齢化が進んでいることから、新しい金融商品の必要性が生まれてきた。伝統的な金融商品では、資産を持ち余裕がある中産階級の人たちには役に立たない。

そこに目を付けたのが、伝統的な組織の銀行ではなく、GEキャピタルのような新しい組織の会社だった。一方で、一九世紀の構造のままでいる銀行は世界中で困難な目に遭っている。

明日の金融は、融資ではなく投資が中心になる。日本ですら、融資ではもうからない。郵便貯金のような低利子でいいと思っているのは、日本人だけだ。その日本人も早晩、動き始める」

ドラッカーさんのこの発言は一一年前にさかのぼりますが、今まさに日本の金融業は彼の予言した方向へと進み始めています。

その産業の中にいて成功している企業は、自分たちの過去の成功に酔ってしまって変化を見失う。長年その産業にどっぷりと浸かった結果、自分たちの産業は変化しないと高をくくっているとしたら、危ない考えです。

だから、産業の外にいる者こそが、変化を享受できるのです。

オンライン書店アマゾンの創業者ベゾスさんは業界の外の人

アメリカでオンライン書店のアマゾン・ドット・コムが開業したときもそうでし

アメリカ最大手の書籍販売店チェーン、バーンズ・アンド・ノーブルは当初、アマゾンをさほどの脅威と感じなかったのです。アマゾンの成長を見てあわててオンライン書店を開店しましたが、時すでに遅し、でした。今ではアマゾンからさらに差をつけられています。

バーンズ・アンド・ノーブルは、ニューヨーク・マンハッタンの中心街にも大きな店を構えていて、日本からの観光客がよく訪れます。

実は、バーンズ・アンド・ノーブルも書店界の革命児でした。常時、新刊本を値引き販売するバーゲンセールで急成長しました。店の中にはソファーや椅子、テーブルが各所に置いてあり、店の中なら「立ち読み歓迎」のサービスを打ち出したのです。ソファーや椅子があるのですから、立ち読みではなく、「座り読み」を奨励したといったほうが正確でしょう。そんなユニークなビジネス手法を打ち出したバーンズ・アンド・ノーブルでさえ、自分たちのサービスは永遠だと勘違いしたのです。

ドラッカーさんの指摘通り、インターネットと書店の融合を実現したアマゾンの創業者ジェフ・ベゾスさんは、書店業界、出版業界の人間ではなく業界の外の人でした。

ベゾスさんの経歴を見てください。

「一九八六年、プリンストン大学でコンピューターサイエンスと電気工学の学位を取得。大手銀行のバンカース・トラストで資産管理システムを開発。ヘッジファンドのD・E・ショーを退社した九四年にアマゾンを設立」

ベゾスさんの場合、書店経営がやりたくてオンライン書店をやったのではありません。ニューヨークのヘッジファンド会社で仕事をしながら、

「インターネットの利用が年二〇〇%から三〇〇%という勢いで伸びている」

ことに注目したのがきっかけです。インターネット上で売るのにふさわしいビジネスはなにか、と考え、二〇品目をリストアップしました。その中で最適なのが本だと結論づけただけのことです。本が好きで好きでたまらず、ビジネスを始めたのではないのです。

ソフトウエア会社がつくったカーコンビニ倶楽部

東京都下の中小企業経営者の勉強会に招かれたときのことでした。会員の多くは自営業を中心とする二世経営者で、名刺を交わしていて、あることに気付きました。

「カーコンビニ倶楽部」

と印刷した名刺が多かったのです。

聞いてみると、家族経営の自動車整備工場を経営している人たちでした。カーコンビニ倶楽部は、自動車向け軽板金のフランチャイズチェーンで、彼らはそのフランチャイジー（加盟店）だったのです。

カーコンビニ倶楽部は、二〇〇〇年に事業を展開し始めましたが、わずか七カ月で店舗数は一〇〇〇店を超えました。

なぜ、カーコンビニ倶楽部が人気なのか。加盟店の若社長らに聞いてみると、次のような理由でした。

親の代は、自分たちで細々と商売ができた。近隣には知り合いが多く、車の整備を依頼してくれた。ところが、自分たちの周りに高層マンションが建ち始めると、近隣の付き合いがなくなってしまった。顔見知りなら、汚い整備工場でも料金表を掲げていなくても整備を頼んでくれた。ところが、高層マンションの住人たちは、

「値段が高いのではないか」

「腕前が怪しいのではないか」

業界・業種をまたぐ「業際産業」が誕生している

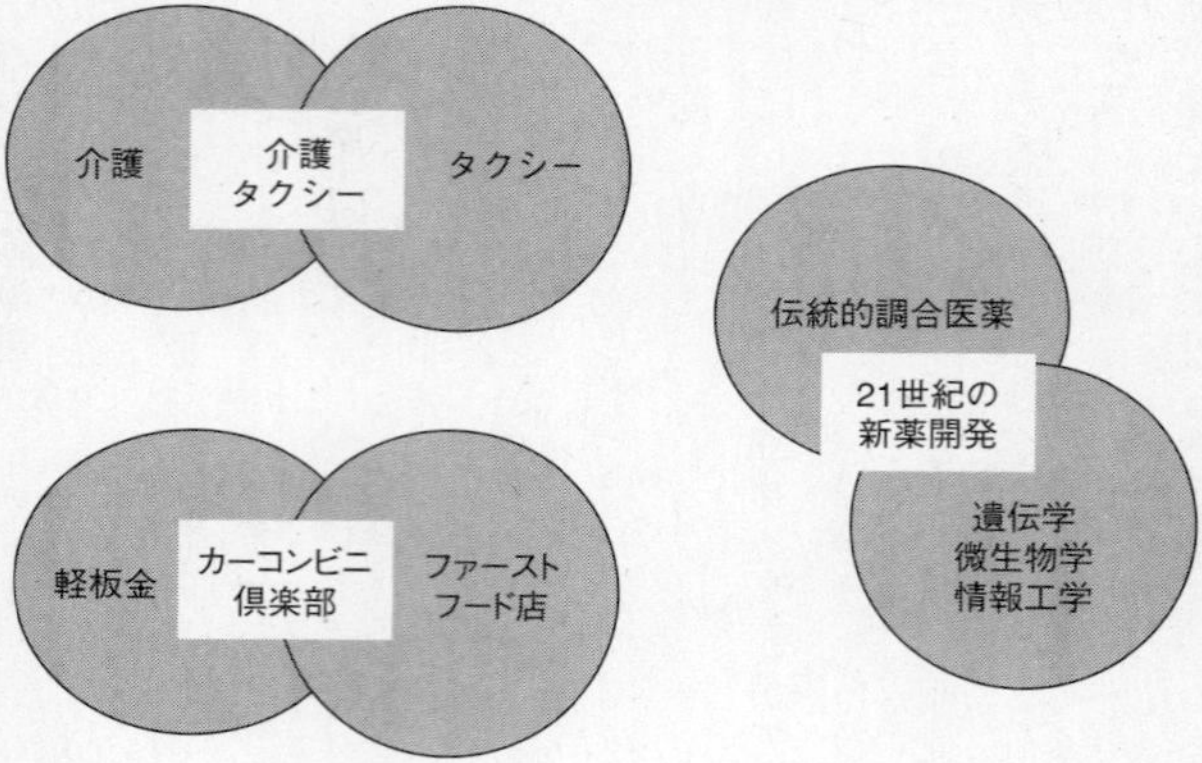

といった不安があり、自分たちに整備を発注してくれない。そんなときに、カーコンビニ倶楽部が事業を始め、加盟することにした。そんな説明でした。

カーコンビニ倶楽部が脚光を浴びたのは、こういった小さな自動車整備工場の悩みを解消するビジネスモデルがあったからだと合点がいきました。

同社のコンセプトは、

「車を『早く』『安く』『キレイ』に直せるお店」

です。ファーストフード店のように、わかりやすいメニューボードが用意してある。専用の見積もりコンピューターで素早く見積もりを出す。フランチャイズらしく、統一感を出した店舗デザインになっている。こういった工夫で、新規客が尻込みすることなく、来店してもらう仕組みを築いたのです。

勉強会の会員の一人がおもしろいことを教えてくれました。

「カーコンビニ倶楽部の経営者は、自動車整備業界の人ではない。コンピューターのソフトウエアの会社を経営している人だ」

調べてみると確かにそうでした。今はビル賃貸業の会社が親会社になりましたが、設立したのは管理ソフトを主に自動車整備工場相手につくっている中堅ソフトウエア会社でした。岡目八目ってやつですかね。人の碁をわきから見ていると、打っている人より八目先まで手が読める、当事者よりも第三者のほうが物事の先が見えやすいという例えです。他業界の人間だったからこそ、自動車整備業界の問題点がクリアに見えたのです。

ドラッカーさんはいいました——それは違う!

これからの中心はインターネット企業が担うというウソ

一九九九年の初春、日本経済はバブル後遺症からようやく立ち直りの気配を見せていました。しかも、その原動力は、インターネットの勃興でした。

ところが、ドラッカーさんはインターネットについても厳しい指摘をしました。

私は尋ねてみました。

「これだけインターネットが発展しているのに、ドラッカーさんはインターネットについてほとんど言及しないのはなぜですか」

ドラッカーさんは、IBMのコンピューター開発にも参画したことがあるというから、ハイテクが苦手ということでもなさそうです。

「インターネット株の高騰に酔いしれている人たちにいおう。宴は長くは続かない。多くのインターネット企業は消え去る運命にある」

なんとも断定的な言い方。しかし、まもなくこの予言は当たったのです。

「インターネット企業は、一九〇〇年代前半の自動車産業に酷似したものになる。一九一九年、アメリカには一五〇〇もの自動車メーカーが存在していた。その一〇年後、その数は当初の一〇％に減った。そのまた五〇年後、その数は三つに減っている。同じ集約化がインターネット企業の世界で起きるだろう。付け加えるならば、当時の自動車産業は、今のインターネット産業ほどには投機的ではなかった」

ドラッカーさんは、インターネット産業と似ているのは、一九二〇年代初期の映画産業だと説明してくれました。映画産業は、今のＩＴよりもっと速いスピードで普及したけれども、そのブームは一〇年しか続かず、短命に終わったというのです。

もちろん映画産業はなくなったわけではありません。ブームが一〇年しか続かなかったという歴史的な事実をドラッカーさんは指摘したのです。日本では一九八〇年代後半のバブルのときに土地の値段が高騰して、土地長者がたくさん生まれました。

「いつかは土地の値段は暴落するかもしれない」

という不安が頭の隅にありながら、だれしもが、

「このまま土地の値段は上がり続けるのではないか（いや、上がり続けてほしい）」

と思って、バブルの宴がしばらく続いたのです。

インターネット株ブームも同じ運命をたどりました。多くのインターネット関連企業が

倒産の憂き目に遭いました。勝ち残ったのは、ネット書店のアマゾン・ドット・コムや検索サービスのヤフーなど一部でした。

インターネットビジネスは寡占化されたのではなく、「死の谷（デスバレー）」の苦しみを味わったと理解したほうがいいかもしれません。新しい技術が生み出されても、事業化し収益化するのに時間を要します。その間に死滅してしまう企業、技術はたくさんあります。新しいイノベーションを生み出した企業の資金ショートの問題だけではなく、需要の見誤り、マーケティングの失敗など理由はさまざまです。

ちなみに、ドラッカーさんが評価していたのが、アマゾン・ドット・コムでした。書籍で成功したからではなく、他の商品を扱って初期のころにうまくいかなかったことを生かせるというのです。

ネットを通した書籍販売で成功したアマゾンは、扱い商品を拡大していきました。しかし、成功したものもあれば、売れないものもありました。ドラッカーさんは「本を買うサイトで子供の下着も一緒に買うニーズは少ない。しかし、アマゾンはあらゆる商品を扱うことで、客との接点を増やした。客がネットでどんな商品を買い、買わないのかの情報を手に入れることができた。この収穫物をアマゾンがどう生かすかが楽しみだ」

第四章

新しい酒は新しい革袋に

会計制度型の組織から情報組織に変革を

「一つの組織ですべてが通用するという一〇〇年間信じられてきた常識が通じなくなった。地域、業界、市場、文化によって組織を柔軟に変えていかなければならない時代だ」（ドラッカーさん）

誰もが当たり前だと思っている「会社」という組織形態は、一八七〇年以前には存在していなかった。会計制度を中心としたこの組織形態は、政府、病院、大学にも広がったが、いずれも金太郎アメ。しかし、業界が激変する新しい時代には、情報を軸とした組織を創造する必要があるのです。

イノベーションは思いつきではなく、組織的な営み

新しい産業のプレーヤーとしてライバルを凌駕するには、新しい事業に合致したビジネスモデル、別の言い方をすればビジネスプロセスを構築しなければ、単なる思いつきに終わります。持続的に成長していくには、せっかくのアイデアを長続きさせる仕組みが必要になります。これが「新しい酒は新しい革袋に」ですし、ドラッカーさんがいう、

「イノベーションとは、単なる思いつきではなく、組織的な営みである」

という卓言につながります。私自身は、

「仕組み化」

と呼んでいます。企業を動かす新しい仕組みをつくることです。

仕組み化とはなにか。第三章で、駐車場ビジネス大手のパーク24がこれまでの産業には分類できない新産業であると紹介しました。パーク24はどんな仕組み化を実現したのでしょうか。

すでに紹介した通り、独自の駐車場システム「TONIC（タイムズオンラインシ

ステム）」によって、全国各地の駐車場が満杯かどうかをリアルタイムに把握するという仕組み化によって、空車情報の配信やマイレージポイントの実施を可能にしました。

ほかにもあります。パーク24が運営する時間貸駐車場「タイムズ」の土地は、各地の土地オーナーから借り受けたものです。このフランチャイズ型のビジネスモデルも、同社が開発した仕組み化の一つです。

土地を借り受ける。オーナーには固定の賃料を払う。駐車機器や看板の設置はパーク24が行う。その仕組みによって、土地オーナーは、資金を投じることなく土地活用ができるというメリットがあるのです。

製造業国家の精神構造から脱却し、サービス経済化の推進を

ドラッカーさんは、仕組み化について、「サービス経済化」という表現を使って、日本企業を叱咤激励しています。

「日本が依然として精神構造が製造業国家であることが、少子化問題と並ぶ重要な課題である。製造業で働く日本人は三割ぐらいだろうが、この比率を一割ぐらいまで低

下させるべきだ。なぜなら、日本が世界市場で最も競争力を持っていた製造業は、もはや成長産業ではなく、競争が激化した成熟産業だからである」

ドラッカーさんは、製造業そのものを否定していたわけではありません。成熟産業にとって、品質の良し悪しだけでは、収益性を担保できないといっているのです。日本のモノづくりを生かすサービス経済化が必要だと指摘したのです。

一般的に、日本企業は技術開発力に優れています。ところが、せっかくの技術開発力を収益に変える力が弱いのです。また、イノベーションを起こしても先行者利潤を享受できず、海外のライバルに追いつかれるケースがよく見られます。

「日本企業はもっとイノベーションの収益化の方策を考えなければなりません」

そう教えてくれたのは、一橋大学大学院の大薗恵美准教授でした。二〇〇七年、ソフトウエア大手SAPジャパンのセミナーでイノベーションについて議論したことがあります。そのとき、教えられたキーワードが「イノベーションの収益化」でした。

同じセミナーの会場でSAPの会長兼CEOであるヘニング・カガーマンさんにインタビューする機会を得ました。カガーマンさんは、次のように指摘しました。

「数年前、SAPがグローバル企業のトップ二〇〇〇人に聞いた調査では、製品、技術のイノベーションだけではなく、ビジネスモデルのイノベーションが重要だと答えた人が六〇%近くに上りました」

製品、技術の陳腐化を防ぐために大事なのが仕組み化、ビジネスモデルの構築です。ところが、企業競争が国際的レベルで激化する中で、ビジネスモデルそのものが陳腐化してしまうことを指摘したのです。

カガーマンさんの説明を聞きながら、欧米企業の割り切りの良さを日本企業も学ぶべきだと痛感しました。他社の良い模範例、ベストプラクティスは徹底して学び、取り入れるべきところはさっさと採用する。その上で、自社独自のビジネスモデルを構築していくべきなのです。

グローバル化した競争ではスピードが重視されますが、それは単に意思決定の速さを競うものではありません。ビジネスモデルの変革の速さを競う面もあるのです。しかも、スピードを重視するなら、ライバルの模範例も参考にする厚かましさが必要です。農耕民族型の日本企業は、自ら種をまき、自ら育てていく自己完結型です。しかし、自己完結型ではスピード重視の競争には勝てないのです。

次に、新しい時代の企業組織のあり方について議論を深めていきたいと思います。

ビジネスモデルの変革を促すためには組織の変革が求められるからです。

ドラッカーさんは組織を次のように分類しました。

「典型的な組織は二つある。一つが会計制度にもとづく組織、もう一つが情報を軸とした組織だ」

ドラッカーさんが問題にしたのは、会計制度と情報が別個のものとして使われていることでした。この先、会計制度と情報は統合されるべきだし、そうなるだろうと予測したのです。

そんなことをいわれても、組織のあり方を簡単に変えることはできないと思うかもしれません。しかし、会計制度にもとづく組織もそんなに古い時代からあったわけではありません。ドラッカーさんによれば、現在の会計制度にもとづく組織ができたのは、せいぜい八〇年ぐらい前です。アメリカの自動車最大手ゼネラル・モーターズ(GM)がそのころ、原価計算を始めました。それが現代の会計制度のスタート台です。

では、「会社」という組織が生まれたのはいつのことでしょうか。ドラッカーさんによれば、一八七〇年以前には存在しなかったのです。

「ところが、会社ばかりか、政府、病院、大学さえもが同じ形の組織になった。組織についていえば、二〇世紀は金太郎アメだった」

つまり自分たちが当たり前だと思っている組織は当たり前ではないのです。

ドラッカーさんは二つの経営環境の変化に対応できる組織のつくり方を求めています。

「企業は外部情報の取り込みがしやすい組織にしなければならない。同時に企業活動の国際化に対応した組織をつくらねばならない」

情報組織はテクノロジスト集団でなければならない

まず情報を軸とした組織について議論を深めてみます。

ドラッカーさんは、情報をベースにした企業社会のいくつかの象徴的現象を示しました。

・部下のほうが上司よりよく知っている逆転現象が起きる
・管理者が少なくなって専門家の数が増える

・二〇年後には課長といった中間ポストがなくなる
・高等教育を受けた若い人が一つの会社で勤め上げる習慣はなくなる
・企業の人材採用方法が変わり、臨時雇いが増える
・企業のアウトソーシング（業務の外部委託）が進む

これらの現象と情報組織の関係について少し説明が必要でしょう。情報を最重視する企業とは、具体的にいえば、深い専門情報を持っている人材をより多く抱えている組織ということになります。ドラッカーさんはこういう専門家のことを、

「テクノロジスト」

と名付けました。最初に会ったときは、「専門家」と一般用語で表現していましたが、二度目に会った際には「ナレッジワーカー（知識労働者）」という言葉を使い、最後は「テクノロジスト」と表現していました。

テクノロジストとは技術者のことではありません。高度な専門情報や専門技術・技能を持った知識労働者のことを指します。

二〇〇三年にインタビューに行った際、当時の日経ビジネス・ニューヨーク支局長

の酒井耕一記者（現日経ビジネス副編集長）が一緒でした。彼が日経ビジネスにインタビューの解説を書いた際に、「二〇〇二年にノーベル賞を受賞した島津製作所の田中耕一さんこそテクノロジスト」と表現していたのは、なかなかツボを押さえています。

田中さんがタンパク質などの高分子を解析する技術者だったことだけで、テクノロジストに当てはまるといったのではありません。自分の仕事への情熱のあまり、昇進試験を受けると管理職になってしまうので昇進試験を受けず「主任」のままでいたこと、つまりは会社の中での出世よりも自分の専門をこよなく愛している人物だったからこそ、テクノロジストと呼んだのです。

情報重視、専門重視が促進する企業のアウトソーシング

専門を重視するとなれば、社内に専門家がいなければ外部にいる専門家を長期にしろ短期にしろ臨時雇いする必要があります。社員が半分以下といった企業も現れてきています。

企業が情報を重視するようになれば、当然のように専門化された社員を採用する。しかし、それだけでは足りないから、外部の専門性を引き入れるためにアウトソーシングが進む。アウトソーシングが進めば、これまで社内の正社員が担当していた工場管理やデザインといった仕事も、社外の人に任せる機会が増えるという筋道です。

アウトソーシングはさらに進化し、コスト削減のためにある業務をすべて外部の専門企業に任せる「ビジネスプロセスアウトソーシング（BPO）」が浸透しています。また、固定費の削減だけでなく業務の改革まで任せる「ビジネストランスフォーメーションアウトソーシング（BTO）」を実施する企業も出てきています。

経済産業省の「BPO（業務プロセスアウトソーシング）研究会」が公表した二〇〇八年六月の報告書によれば、海外の会社に業務を任せる世界の「オフショアアウトソーシング市場」は、〇六年に二四・九兆円に拡大しています。これは、ITのアウトソーシング（ITO）を含む額です。

驚くべきは、オフショアアウトソーシングの市場規模が二〇一〇年に四五兆円に急拡大すると見込まれていることです。年平均の成長率は一六％です。低成長に苦しむ日本企業にとって、ノドから手が出るほど手に入れたい市場のはずです。

ところが、日本企業はオフショアアウトソーシング市場では、まったく存在感がありません。

地域別のアウトソーシングの受託規模を見ると、インドがダントツのトップです。二〇〇七年で見ると、インドの市場規模は三四一億ドルで、市場の一割を握るアウトソーシング大国です。また、世界のアウトソーシングサービス提供企業のランキングトップ一〇〇社のうち、アメリカ企業が七割を占めています。インドが一五社、中国が六社ランクインしています。アメリカ企業がインドを舞台にアウトソーシングの受託事業をいかに伸ばしているかが分かります。ちなみに、日本企業は一〇〇社の中に一社も入っていません。

標準化、可視化の遅れがアウトソーシング後進国の原因

日本がアウトソーシング後進国になったのは、仕事を委託する日本企業が少ないからです。たくさん外部委託しているように見えても、海外企業に比べればまだまだなのです。なぜ、海外並みにアウトソーシングが広がらなかったのか。先の報告書を参考に問題点をまとめてみます。

・ユーザー企業（委託する側）の業務プロセスが標準化、可視化されていないために、業務の切り出しが難しい。最近のキーワードでいえば、「見える化」されていないのです。「我が社独自のやり方」「我が現場独自のやり方」にこだわりすぎです。

・セキュリティやサービスの品質への不安により、業務を外注化することへの抵抗感があります。受託企業側のサービス品質の向上も必要でしょうが、委託する側が完璧を期待するあまり、委託できない現実があります。欧米企業のような割り切りの良さも見習うべきでしょう。

・もっと問題なのは、間接部門のコスト意識の低さです。日本の製造部門の労働生産性は世界でも群を抜いて高いのに、間接部門の生産性は低いのです。経営者は間接部門のコストに対して甘くなっているのではないでしょうか。

・行政にも猛省が必要です。複雑な法制度、面倒な行政手続き、遅れに遅れている電子政府といった問題があり、業務プロセスを標準化できないのです。

・「心理的な壁」もあるでしょう。自分たちがやってきたやり方がベストであるという自負が阻害要因になっています。自分たちの組織運営のやり方は当たり前だという「常識の壁」があります。果たして自分たちが当たり前に思っている組織運営は正しいのだろうか、絶対的なものなのだろうか、という自らへの問いかけが必要です。

組織の歴史はピラミッド型、ケイレツ、ネットワークの三段階

次に、歴史的な組織の変化を図式化してみました。

最初はアメリカのGMが完成させたピラミッド型の組織です。GMは事業部制を生み出した会社ですが、時代を追うごとに組織の肥大化によって官僚制が跋扈《ばっこ》してしまい、市場シェアを大きく減らした会社でもあります。とりわけ肥大化を助長したのが、傘下の部品メーカーを内部に取り込んだことでした。間接部門のコスト削減などで効果を出そうとしたのでしょうが、部品メーカーは親方日の丸（親方星条旗でしょうが）になり、創意工夫の文化が減退しました。

企業社会に最初に登場した組織がピラミッド型なら、日本企業の中で特徴的だったのは、緩やかな企業連合です。

「系列」

組織は３段階で発展

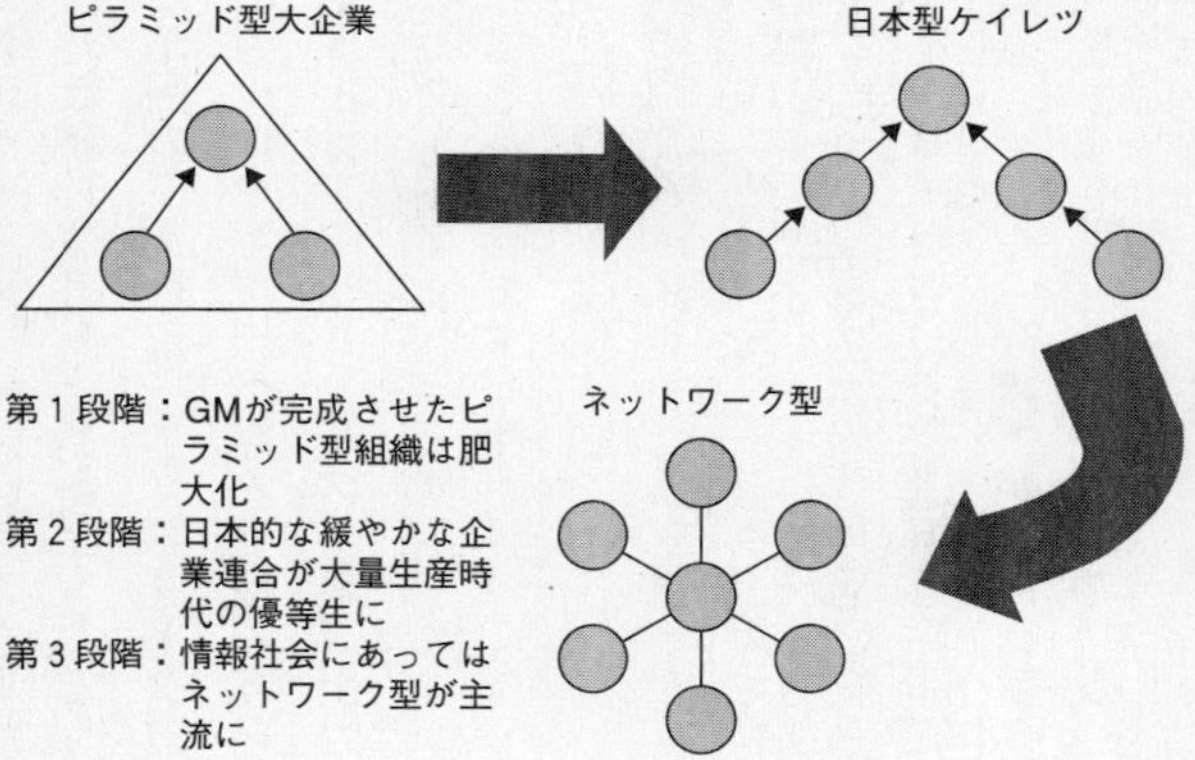

第１段階：GMが完成させたピラミッド型組織は肥大化
第２段階：日本的な緩やかな企業連合が大量生産時代の優等生に
第３段階：情報社会にあってはネットワーク型が主流に

です。一時期、アメリカ政府がトヨタ自動車や日産自動車がアメリカの部品メーカーの製品を採用しないのは、この「ケイレツシステム」が原因だとしてやり玉に挙げたほど有名になりました。しかし、GMの組織が肥大化したことを反省材料とすれば、系列は企業の肥大化、官僚化を防ぐ組織形態であったのです。

今では、日産自動車のCEOであるカルロス・ゴーンさんが、日産グループ以外からも部品を採用させています。トヨタ自動車が日産自動車に制御ユニットや電池などハイブリッドシステムの一部を供給し、二〇〇七年から日産の「アルティマハイブリッド」車が北米で販売され始めました。グループの垣根を超え、系列を超えた取引が当たり前になりました。

それでは今後の組織はどうなるのでしょうか。

それが図の三番目の「ネットワーク型組織」です。

このネットワーク型組織の究極の姿を実現しているのが、シリコンバレーにある通信機器メーカーのシスコシステムズだと思います。

シスコ本社を訪ねて同社の「持たない経営」の設計を行い、実現させた幹部に話を聞いたことがあります。社内がペーパーレス化しているのは当たり前。一番驚いたのは、同社の営業・生産体制です。

ユーザーはインターネットを通じて同社に通信機器を注文します。その発注情報は即座にフロリダ州の契約製造会社ジェイビルに転送されます。ジェイビルは発注された製品をつくり、シスコの代理店に納品し、ユーザーに届けられるのです。

ジェイビルに出向いて製造担当幹部に話を聞いてみました。彼は笑いながら、

「僕はジェイビルの社員だが、毎日毎日、シスコの製造担当者と電話会議を持つ。シスコのために年間を通して働いている。実態だけ見れば、どっちの会社の社員かわからないよ」

といっていました。

いずれにしても驚くべき組織構造です。開発機能だけを持っていて後は外部に任せているのです。専門家集団とネットワークを結ぶ企業、これこそネットワーク型組織であり、ドラッカーさんのいう情報を軸とした組織の代表例ではないでしょうか。

旧中央研究所を情報ネットワークに変えたファイザー

最近、こんな組織形態もあるのか、と思わせたのが、ファイザー社の日本での研究拠点だった中央研究所（愛知県武豊町）です。ファイザー社の業績が悪化して、日本の中央研究所は閉鎖が決まっていました。

ところが、二〇〇八年七月、「ラクオリア創薬」という研究開発型のライフサイエンス企業となって再出発したのです。社長兼CEOは、中央研究所の所長だった長久厚さんです。

ラクオリア創薬は、ファイザーが現物出資したほか、アメリカのベンチャーキャピタルなども出資者に加わっています。ユニークなのは、ファイザーが旧中央研究所の施設を貸与したことです。その代わり、新薬候補の権利取得で優先的交渉権を得ることになりました。

本来は閉鎖されてしまう研究所を新会社として生まれ変わらせるために奔走したファイザー日本法人の岩崎博充社長は「優秀な七〇名の研究者の将来も考え、長久さんとアメリカ本社の説得に努めました。外部ネットワークとしての研究開発型ベンチャー企業を持つことは、ファイザーにとっても大変有益です」と説明してくれました。

新薬を生み出すのは、宝くじを当てるほどに難しいといわれていますので、ラクオリア創薬が順風満帆に行くかどうかはわかりません。しかし、ファイザーとラクオリア創薬の関係を見たとき、もはや会計制度にもとづく組織形態ではなく、時代が求める情報を軸とした組織形態になったことに注目すべきです。

組織をツールとして使う柔軟性を

グローバル化に対応した組織については簡単に触れておきます。まずはドラッカーさんの指摘からです。

「日本の自動車メーカーはアメリカに進出するに際して、日本とはまったく異なる組織にしなければならなかった。日本の自動車市場では製造会社が流通網を支配しているが、アメリカでは自動車販売店はチェーン化されていて、メーカーよりも流通のほうが強いからだ。

中国、インドで仕事をしようと思ったら、現地のパートナーを持たないと、まったく仕事ができない。分散型の組織は中国では機能しない。中国では、トップとトップの間でしか話が決まらないからだ。中国では伝統的な組織でなければならない。発展途上国では中央集権型の組織でないとうまく運営できない。経験が少ないので、仕事をするチームの単位も小さくしなければならない」

かつてソニー創業者の故・盛田昭夫さんが、

「グローカル企業」

というコンセプトを披露したことがあります。ドラッカーさんが国それぞれの事情に合わせた組織が必要であると指摘したのと同じ意味です。企業はグローバルでなければならないが、実際の事業運営はその国ごとに現地化しなければならない。そういう意味合いを込めて、グローバルとローカルを合体させた造語「グローカル企業」のコンセプトを世に問うたのです。

情報組織もつくらねばならない。グローバル化にも対応しなければならない。現地化も進めなくてはならない。だとしたら企業はどうしたらいいのだろうかと、考え込んでしまうかもしれません。ドラッカーさんは、

「組織をツールとして使う柔軟性が必要になってきている」

と我々に提案しています。

「一つの組織ですべてが通用するという一〇〇年間信じられてきた常識が通じなくなっていること、地域、業界、市場、文化によって組織を柔軟に変えていかねばならない時代が来ていることを肝に銘じるべきだ。伝統的な大企業にとっては、時と場合によって組織を使い分ける発想にはついていけないかもしれない。だが、それが新しい時代の要請だ」

原価計算の精度を高めればコストが見えるというウソ

ドラッカーさんはいいました——それは違う！

ドラッカーさんは会計の世界でも次々と新しい概念を打ち出しました。ＥＶＡ（経済付加価値）は米スターン・スチュワート社が開発した経営指標ですが、もともとドラッカーさんの問題提起から生まれた指標です。

ＥＶＡは「創造された価値」という言い方もできます。ある事業で資本を投入する。その成果としての利益が投入された資本量（資本コスト）より多い場合に、それを「創造された価値」と呼びます。イノベーションが成功すれば、投入コスト以上の利益を生むはずです。

ＥＶＡの原型をはじめとして、さまざまな会計についてドラッカーさんはなぜ発言し、提案してきたのでしょうか。それは、ドラッカーさんが情報を軸とした知識創造社会の到来をいち早く察知したからです。ドラッカーさんは「会計は最も古典的な情報システム」と位置づけています。

経営者にとって有益な情報とはなんだろうか。古典的情報システムとしての会計の枠を超えた情報はないのだろうか。価値創造を計る尺度はないのだろうか。ドラッカーさんはそんな視点から会計をとらえ直したのです。

ドラッカーさんはいいました。

「ご存知の通り、会計の歴史は七〇〇年になる。現代の会計は、ゼネラル・モーターズ（GM）がつくった原価計算に始まった。この原価計算の問題は、社内の個々の作業コストを足し合わせたにすぎないということだ」

原価計算の精度を高めても本当のコストは見えてこないというのです。では、どんな会計法ならいいのでしょうか。

「企業のトータルのコストは、原材料の搬入から最終消費者に製品が届くまでの全プロセスのコストを計算する必要がある」

内部情報によるコストだけに着目している伝統的な原価計算に満足せず、企業外のコスト情報も含めようという考え方はあまりに斬新であり、企業社会に衝撃を与えました。

それが結実したのが、ＡＢＣ会計（アクティブベースコスティング、活動基準原価計算）です。現在のＡＢＣ会計では、間接部門の活動費を含めて計算しています。この手法に対しては「本来は数値化できない間接部門の活動費を入れるとかえって原価がわからなくなる」といった批判もあります。

ＡＢＣ会計は未完成といったほうがいいでしょう。サプライチェーンマネジメントを完成させる上でも重要な財務指標になり得るでしょうから、その完成が待たれます。

ドラッカーさんが「創造された価値」の尺度づくりを提唱し、企業活動全体のコストを把握するＡＢＣ会計を生み出したのは、ある重要な問題意識があったからです。

「会計制度と情報がまったく別物として扱われていることが問題だ」

「内部情報より外部情報が重要だが、伝統的会計制度は内部情報に依存したままだ」

本章で見てきたように、会計制度を中心とした組織から情報を中心とした組織に転換していくことが、知識創造型社会の重要ポイントです。

ドラッカーさんは次のような提案をしました。

・ＣＩＯ（最高情報責任者）はシステムの管理者ではない。利益を増やすための経営情報を担う人になる。

・ＣＦＯ（最高財務責任者）の役割も変わる。経理・財務のトップではなく、経営情報をトータルに扱う人になる。

この二つの提案からすると、ＣＦＯとＣＩＯは同じ人がなるべきなのかもしれません。

そして、ドラッカーさんは経営トップ（ＣＥＯ、最高経営責任者）にも問いかけました。

「内部情報に依存した会計制度に頼っていてはダメだ。外部情報を取り込んだトータルな情報の中から、経営トップにふさわしいどんな情報が必要かを自分自身に問いかけてほしいのだ」

原価計算を中心とした伝統的会計制度から知識創造社会にふさわしい情報システムが生まれるのに合わせて、経営トップの役割が大きく変わることを企業経営者は認識すべきなのでしょう。

第五章

市場の細分化、横断化

分布の変化に注目し、水平展開も考えよう

「人口の変化は情報技術革命がもたらしたインパクトなど比較にならないほど重要な社会変化である」（ドラッカーさん）

人口減少は先進国の深刻な問題ですが、マーケティングの観点からすればビジネスチャンスです。人口の年齢構成の変化、教養水準の変化、職場における男女比の変化、地域ごとの分布の変化、所得分布の変化など細かく見ていけば展望が開けます。市場をタテに細分化、深掘りするだけでは革新は限定的です。ヨコにも展開するのが、モノあふれ時代の鉄則です。

二つの社会変化が二一世紀の企業社会を襲う

二〇〇三年の一月三一日、ドラッカーさんの自宅を久しぶりに訪問しました。三回目のインタビューです。テーマは「情報革命」。日経ビジネスのニューヨーク支局長だった酒井耕一君とそのテーマに沿って、ロングインタビューを試みるはずでした。

インタビューに入ると、開口一番、

「情報は大事だが、最優先に考えなければならないテーマではない」

とドラッカーさんはいいました。

「困った」

インタビューを掲載する予定の日経ビジネスの特別編集版は、情報革命をワンテーマにした企画を読者に届けるために計画されたものです。情報は二の次だといわれてしまったら、企画倒れになってしまいます。私と耕一支局長は焦りました。

インタビューの後半でドラッカーさんは、情報革命の意味を語り、インターネットや電子商取引への評価も下してくれたので、テーマに沿った内容にはなりました。しかし、記事にする段階になって、ドラッカーさんがいう最優先に考えなくてはならないテーマが、実に重要な問題であることを悟りました。

では、情報ではなく、なにが大事なテーマなのでしょうか。

彼は二つの社会変化が先進国で起きつつあると指摘しました。

一つは、「テクノロジスト」の誕生です。テクノロジストは、高度な専門技術や技能、知識を有する知的労働者のことですが、これについては第四章で話題にしました。

先進国の人口減少を甘く見てはいけない

では、第二の社会変化とはなにか。

それは、人口減少に先進国がどう対処し、人口減少をチャンスに切り替えられるかです。

「人口の変化は情報技術革命がもたらしたインパクトなど比較にならないほど重要な社会変化である」

とドラッカーさんは指摘したのです。

日本でも少子高齢化が進行しています。若年人口が減る一方で、長寿化で老年人口が増える変化を実は人類は経験したことがないのです。日本の少子高齢化は先進国の中で最も急速であり、二〇〇五年から人口が減り始めています。

では、人口減少が持つインパクトとはどれぐらいのものでしょうか。

日経ビジネスの二〇〇二年二月二五日号の特集記事「新・成長の限界」は、

「ニッポン人がトキになる日」

という見出しからスタートしています。なぜ日本人が天然記念物のトキになるのでしょうか。その答えは、次のように書いてあります。

「西暦三三〇〇年、日本の人口はついに一人になる。厚生労働省国立社会保障・人口問題研究所は二〇〇二年一月末、日本の総人口は二〇〇六年を境に減少に転じ、二〇五〇年にはほぼ一億人になるとの将来推計を発表した。このまま行くと、今から千数百年後、ニッポン人は天然記念物のトキと同じように絶滅の危機に瀕することになる」

そんな遠い先の話だと、心配するにしても実感が持てないというのが本音でしょう。しかし、生産年齢人口で見たら、すでに日本はピーク時から一〇年以上経っています。一五歳から六四歳までの生産年齢人口は一九九五年の八七一六万人をピークに減り続けているのです。

人口減少をそのままにしておけば、日本のGDP（国内総生産）は確実に減っていくのですが、その傾向は知らぬ間に水面化で始まっているのです。

では、どう対処すればいいのでしょうか。

「分布」を切り口にすればビジネスチャンスが生まれる

人口が減れば、人口の分布が変わります。人口の分布に変化が起きれば、市場にも変化が起きることになります。人口減少は日本国にとって大変なことですが、イノベーション（革新）の観点からすれば、実に大事なポイントです。

少子高齢化だけに目を奪われていたら、チャンスを失います。

人口だけではなく、年齢構成の変化、教養水準の変化、職場における男女比の変化、地域分布の変化、所得分布の変化など細かく見ていくべきです。

ドラッカーさんは、日本が人口減少に着目してロボット先進国になったことを例に挙げて、高く評価していました。この話は、人口減少といっても、マクロ的な人口減少の話ではありません。中卒の労働力人口に注目したものです。日本の進学率が上がり、ほとんどの人が高校、大学に行くようになった。中卒が担っていた工場労働をロボットで代替しなければならない。そういう危機感から日本の工場用ロボットの開発が始まったのだと。

実際、日本の産業用ロボットの出荷額は世界の六割を占めています。産業用ロボットがなかったら、日本が「ジャパン・アズ・ナンバーワン」と呼ばれることもなかったのです。

トヨタ自動車や日産自動車の工場見学に行ったことがありますか。見学に行った人がまず驚くのは、広々とした工場の中で作業をしている人がほとんどいないことです。

「無人工場ですよ」

といわれても信じてしまうほどです。

工場の主役は産業用ロボットです。クレーン状の腕を持ったロボットが、火花を散らしながら溶接をしていたり、部品を車に組み付けたり、黙々と働いています。

少子化の逆風を生かした個別指導塾

少子化は経済にとって逆風です。子供の数が減っていきますし、富を生む働き手が少なくなってしまうのですから。

しかし、この逆風をチャンスととらえて新しいビジネス、新しい市場を開拓しているツワモノたちがいるのです。

教育の世界をのぞいてみたいと思います。

幼稚園児から大学生まで生徒、学生の数が減っているので学校は大変です。公立高校で定員内不合格者を出して、ノホホンとしている教育委員会や学校長がいますが、これらの人種は、「税金あぐらかき病」にかかった許しがたき存在です。お客様が学校に入りたいといっているのに、そのお客様が来店するのを拒否しているわけです。しかも、来店客数が増えようが減ろうが、たくさんの税金を使った学校施設が使われようが使われまいが、知ったことじゃないという無責任ぶりには驚きます。

一方、私立の学校は幼稚園から大学まで血のにじむような努力をしています。早稲田大学が、早稲田出身者以外の教授を以前にもまして積極的に受け入れたり、社会人のためのエクステンションスクール（いわゆる社会人講座）に力を入れたり、企業とタイアップして資金集めにいそしんだり、大改革に乗り出しています。予備校も学生集めに知恵を絞っています。

その中で今、元気な教育産業が誕生しています。

それは、「個別指導塾」なる新ビジネスです。

その一つ、東京個別指導学院の業績を見てみると、二〇〇一年八月期に一〇三億円強だった売り上げは、〇七年五月期には一六三億円に増えています。同じ期間に経常利益は、一四億円から二四億円に伸びています。

ジャスダックに店頭登録している明光ネットワークジャパンは、明光義塾というフランチャイズ型の個別指導塾を展開している大手です。ここの業績を見ても順調で、二〇〇七年八月期に経常最高益を達成しています。

これまで塾といえば、一人の先生が数多くの生徒に教える一方的な講義方式でした。塾の売り物といえば、学校の先生にはない教えるテクニックでした。カリスマ教師という名称は、学校の先生にではなく予備校や塾の先生に与えられてきた称号です。

一方、昔から家庭教師という市場は存在しました。ちょっと裕福な家庭の師弟を相手に大学生が自宅に出向いて教えるというのが、一般的な家庭教師像でした。

一般の家庭が家庭教師を雇えなかった理由を改めて考えてみましょう。

支払う報酬が塾より高い。なんとかやりくりして支払うことができたとしても、狭い家に他人を呼びたくない。家庭教師をしてくれる学生さんに予備校のプロ講師ほどの受験テクニックがあるとは思えない。

これが、家庭教師市場が広がらなかった三大ネックです。

では、隆盛する個別指導塾は、三大ネックを解消しているのでしょうか。

東京個別指導学院は、生徒二人を一人の講師が指導します（一対一もありますが）。二人の生徒が仕切りのある机に座り、講師がその間から両方の生徒を指導できるようにしています。講師が一人の生徒に教えている間に、もう一人の生徒は教えられたことにもとづいて問題を解くのです。こうやって無駄な時間をつくらないようにしています。

こうした工夫で講師の回転率を高め、授業料を割安にしているのです。

二番目のネックもクリアしていることはおわかりですね。講師が生徒の自宅に行くという常識を覆しました。生徒に教室に出向いてもらうことで、講師の効率運用を実現したのです。インターネットを使った遠隔指導も同様です。

最後のネックは講師の指導水準ですが、大概の個別指導塾では、講師のための研修制度が整っているだけではなく、生徒一人ひとりに合わせた個別指導プログラムを組んでいます。画一的な指導プログラムを排除し、講師の恣意的な指導法をなくし、教える側の水準も向上させているのです。

東京個別指導学院の場合、生徒が気に入った講師を指名できるシステムを導入しています。指名が増えると講師の時給も上がりますから、教えるほうは必死です。

「やきそばの町」で町おこしした富士宮市

「分布」に注目して成功した事例を次に紹介します。

あるとき、静岡県富士宮市に住む私の親友、渡辺英彦君がメールをくれました。

「自分のことが『女性自身』という雑誌に出ているから読んでみてくれ」と。

「なんで渡辺君が女性誌の『女性自身』に出ているのだろう」

といぶかしく思いましたが、たまたま車で外出した際、サービスエリアで飲み物を買いに降りたら、『女性自身』がレジの近くにあったので、勇気を出して買いました。私の友人の記事は、雑誌の真ん中あたりにありました。ドキュメンタリー・マンガとでもいえばいいのでしょうか。リポーターが静岡県富士宮市を訪ね、渡辺君に案内される場面が数ページにわたって描かれていました。

実物もハンサムな友人ですが、雑誌の中ではもっとハンサムに描かれている渡辺君がなにを案内しているかといえば、やきそばの店です。

渡辺君は「富士宮やきそば学会会長」という肩書で雑誌に出ていました。

富士宮市は、対人口比で見た場合、静岡県内で一番やきそば店が多い。市民による手づくりの町おこしを渡辺君たちが考えていたとき、このことに気付いたのです。やきそば店密集度ナンバーワンの町なのだと。

さらに調べてみると、富士宮のやきそばは、腰のある「むし麺」であること、「肉かす」「だし粉」を使う独特の調理法が特徴であることを知るわけです。

行政に頼るのではなく、市民である自分たちの手で町おこしを考えていた彼らは早速、「富士宮やきそば学会」なる組織を結成し、そして、自分たちのことを、「やきそばG麺」

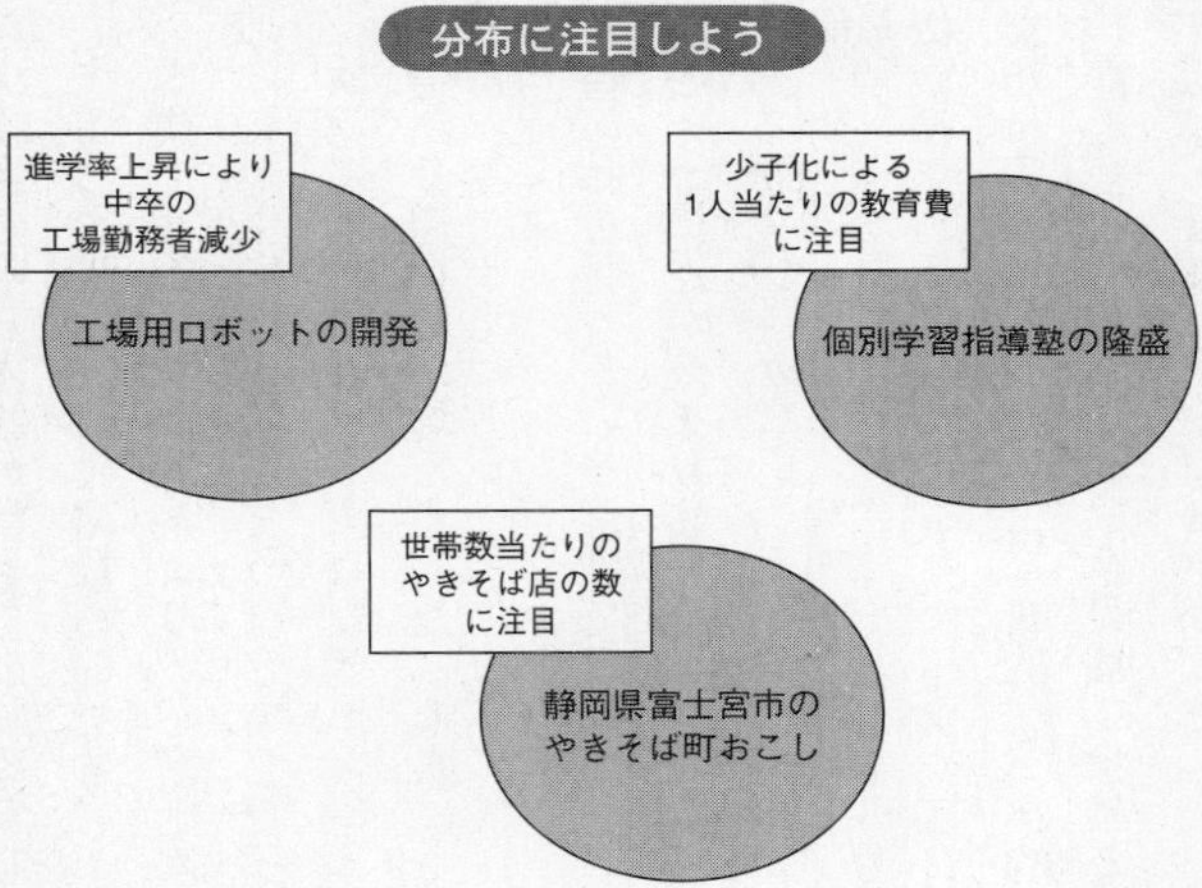

と名乗ることにしました。

富士宮市内のどこにやきそば店があるかを記した「やきそばマップ」をつくり、富士宮やきそば学会のホームページをつくったのが活動の第一弾。やきそばをイメージしたオレンジ色の「のぼり旗」をつくって各店舗の目印にし、やきそば店でライブコンサートを開きました。

この切り口のユニークさをマスコミが見過ごすはずはありません。NHK、民放、地方新聞、全国新聞とその報道の過熱ぶりはすさまじいものとなったのです。

渡辺君はマスコミの対応に追われるだけでは済みませんでした。ニュースでやきそばによる町おこしを知った全国の市町村から、視察の申し入れが富士宮市に殺到しました。そうやって訪れる人たちの案内役として毎日を過ごすことになるのです。

本業である保険代理業よりも、富士宮やきそば学会会長としてのボランティア活動のほうが主になってしまうほどでした。

次第に、町中には、東京などからやってくる観光客が目立つようになりました。有料道路の通行量が増えました。他県にも「やきそばの町」を標榜するところが出てきました。

「特産品を売っているだけではだめだ。自分たちの町の特色を売り込まねば」

という機運が高まりました。

ある研究機関が二〇〇七年に、富士宮やきそば学会の活動の過去六年間の経済波及効果を試算したところ、二一七億円に上りました。やきそば麺の売り上げ増だけではなく、やきそばに添えるキャベツや紅ショウガの売り上げも急増しました。富士宮市を訪れる観光客も増え、二次的、三次的な波及効果を生んだのです。

富士宮の町おこしは、静岡県にとどまらず全国に食の輪を広げています。二〇〇六年には、全国のB級グルメが集まった「第一回B1グランプリ」が青森県八戸市で開催されました。

B1グランプリに参加したメンバーが中心になって、「B級ご当地グルメでまちおこしをする団体連絡協議会」も発足しました。ギャグ、シャレ好きな渡辺君が命名した愛称は「愛Bリーグ」です。アメリカのハーバード大学など超一流大学を「IVリーグ」と呼ぶのをもじったのです。

愛Bリーグは、食のお祭りの域を出て、全国各地で地域ブランドを推進する民間の母体になったのです。

富士宮の町おこしは、やきそば店の分布に目を付けた切り口のユニークさに特徴があります。「行政コストゼロ」で進められているこの運動は、特筆すべきです。

消費者が主役になるプロシューマーの時代が始まっている

未来学者のトフラーさんが、聞き慣れない新しいキーワードを私に披露したことがありました。

「新しい文明では生産者と消費者が一緒になるプロシューマーの時代になる」

「プロシューマーですか」

私は耳慣れない言葉だったので、聞き返しました。

プロダクトとコンシューマーをくっつけたトフラーさんの造語です。供給者と消費者がほぼ一緒という意味でそう名付けたのです。

トフラーさんは丁寧に説明を始めました。

その内容は次のような趣旨でした。

「第二の波の時代、すなわち大量生産の時代には生産システムを効率化するため生産者と消費者が分離された。しかし、再び、生産者と消費者が一緒になる時代が来ている」

こういわれてもすぐに意味を理解するのは難しいでしょう。農耕社会の時代から説き起こす必要があります。

第一の波としての農耕社会では、自分で生産した作物を自分で消費する、「自給のための生産」でした。今でも地方に行けば、自分の家で食べる分のコメをつくり、自分の家で消費する分の野菜をつくっている農家が結構あります。「家庭菜園」を目指して、プランターでトマトを育て、それをもぎ取って朝食のサラダにする、といった健康志向の家庭が都会で増えています。ガーデニングブームに乗って、花を育てる人もいれば、野菜を育てる人も増えています。

第一の波への回帰とまではいいませんが、東急ハンズといった店に行けば、家庭菜園のための可愛いらしい小道具が売られています。これらもある種の「自給のための生産」ということもできるでしょう。

第二の波の時代（産業社会）になると、

「交換のための生産」

が中心となりました。消費者との間を取り持つための「市場」が生まれたのです。市場で最大の価値を得るために大量生産・大量消費が中心となりました。大量消費を促すためにマスメディアを使った宣伝が力を発揮したのです。

しかし、大量生産・大量消費の社会では、生産者と消費者が分離されただけでなく、生産者優位の経済ができました。消費者の個別の嗜好は無視され、生産者がつくりやすい商品だけが重視されました。

しかし、第三の波の時代、情報化社会になると大きな変化が起きました。

「多様性、複雑性がカギとなる。非マス化、特注化へと流れが変わっていき、製品やサービスだけでなく、市場そのものが多様化する」

「マーケットセグメント」

という言葉が有名です。市場の細分化ということですが、トフラーさんがこの言葉を初めて聞いたのは、一九六〇年代のことでした。『未来の衝撃』(徳山二郎訳、中公文庫)を書くためにマーケティングの専門家に質問したそうです。

「将来のマーケティングの世界で起きることはなんだろうか」と。

専門家たちから出てきた言葉が、マーケットセグメントというキーワードだったのです。今では当たり前に使われている言葉ですが、当時は新語でした。

大衆化された市場はどんどん細分化され、

「ニッチ市場、ブティック市場、マイクロ市場」

が出現していったのです。

トフラーさんは今後を次のように占っていました。

「今、市場区分は究極の形へと進んでいる。市場が個人一人だけという世界ができる。ワン・ツー・ワンの消費社会が当たり前になる」

プロシューマーとは、市場が究極の形で細分化される時代になっても、供給者の論理に踊らされることなく、自分たちの好みやニーズを大切にする新しい消費者です。供給者の論理が崩されれば、供給者は消費者にもっと近づかないと市場で勝ち残れない。消費者も自分の好みのものがほしい。

その究極の形が、供給者が消費者一人ひとりのニーズに合った商品をつくり、サービスを提供することです。これがプロシューマーの世界です。

「マイブーム」はワン・ツー・ワン時代の申し子か

この予言は当たっています。最近では、「マイブーム」という現象が起きています。宣伝にあおられて、つくられたブームに乗っかるのではなく、自分の嗜好に合うものにしか興味を持たない時代です。ワン・ツー・ワン消費社会の前兆ととらえることもできます。

市場コンサルティング会社「ブームプランニング」の社長、中村泰子さんは、この道の達人です。彼女がやっている事業の内容を聞いて、最初はそんな商売が成り立つのかと驚きました。中村さんは女子高生の口コミサークル「日本スキャットクラブ」

を組織して女子高生向けの商品開発をしていましたが、一九八八年に今の会社を設立して、女子高生の感性で商品開発のお手伝いをするコンサルティング業を始めました。そのやり方はすごいものがあります。

ある会社が商品を新規に開発する際、ブームプランニングに依頼して売れるかどうか調査してもらうのですが、その方法が実におもしろい。女子高生たちがその会社の会議室に出向いて、対象の商品をいじりながら、批評するのです。

「誰も買わないんじゃない」「これ笑っちゃう」

といったあけすけの批評をするのです。その横でやり手社長というより可愛いらしいお姉さま風の中村さんが、

「口が悪くて申し訳ありません。ご容赦くださいね」

なんて謝りながら、本音の品評会が進むのです。

ある会合では、若手社員の苦心の商品が役員によって骨抜きにされ、その骨抜き商品を女子高生たちが酷評したものですから、それを聞いていた若手社員たちが拍手喝采を送ったこともありました。

その中村さんがマイブームについて解説してくれました。

「大きな流行の中にはいたいけど、自分のこだわりも大事にしたいという気持ちも強い。『私はここが違うのよ』と主張し、気付いてほしいから友達同士でアピールし合って楽しんでいる」

タテに深掘りするだけでなく、ヨコへの展開も考えよ

現実の消費者の気持ちはどうだろうかと思い、日経ビジネスオンラインのサイトでトレンド情報を動画で提供しているキャスターの酒井栄子さんに、若者がどんな消費トレンドを持っているか聞いてみました。

「あなたが今、一番気になることはなんですか。あなたはどんな商品、サービスなら買う気が起きますか」

彼女の返事は次の通りです。なんと健康オタクなことか、と驚きました。

・ヨガ・ストレッチ＝ストレスをためない体づくり。

・黒糖＝ミネラルたっぷり。今、黒糖を使ったおやつがたくさん出ている。黒糖アメや黒糖クルミとか。

・梅＝クエン酸を取れるし、手軽に食べられるし。

・春雨ヌードル＝これカロリー低いし、おなかいっぱいになるよね。通販で買うこんにゃく麺もいいよ。
・とうがらし＝韓国ブームも影響。辛いものに含まれるカプサイシンはダイエット効果あり。
・漬物＝種類豊富だから。野菜が基本だからヘルシー。お茶漬けブームのお供だね。
・豆乳＝ソイラテ、豆乳鍋、豆乳プリン、豆乳ローション、豆乳せっけん。
・東京有楽町にあるかごしま遊楽館＝焼酎ブームだからだけど、地方は健康を連想させる。
いもや黒糖の焼酎ブームも健康ブームから来ている。

最後に解説が付いていました。

「ヨガ、ベジタリアン、キャリアダウンしてつくった時間で手づくりスローフード、マンションでガーデニング。オーソドックスなものを乱暴なまでに追求するから、新ピューリタン（新清教徒）っていうらしい。だからヒットには健康がキーワード」

その後の文章が気になりました。

「健康がキーワードは誰でも知っている。それだけじゃだめで、バリエーションが豊

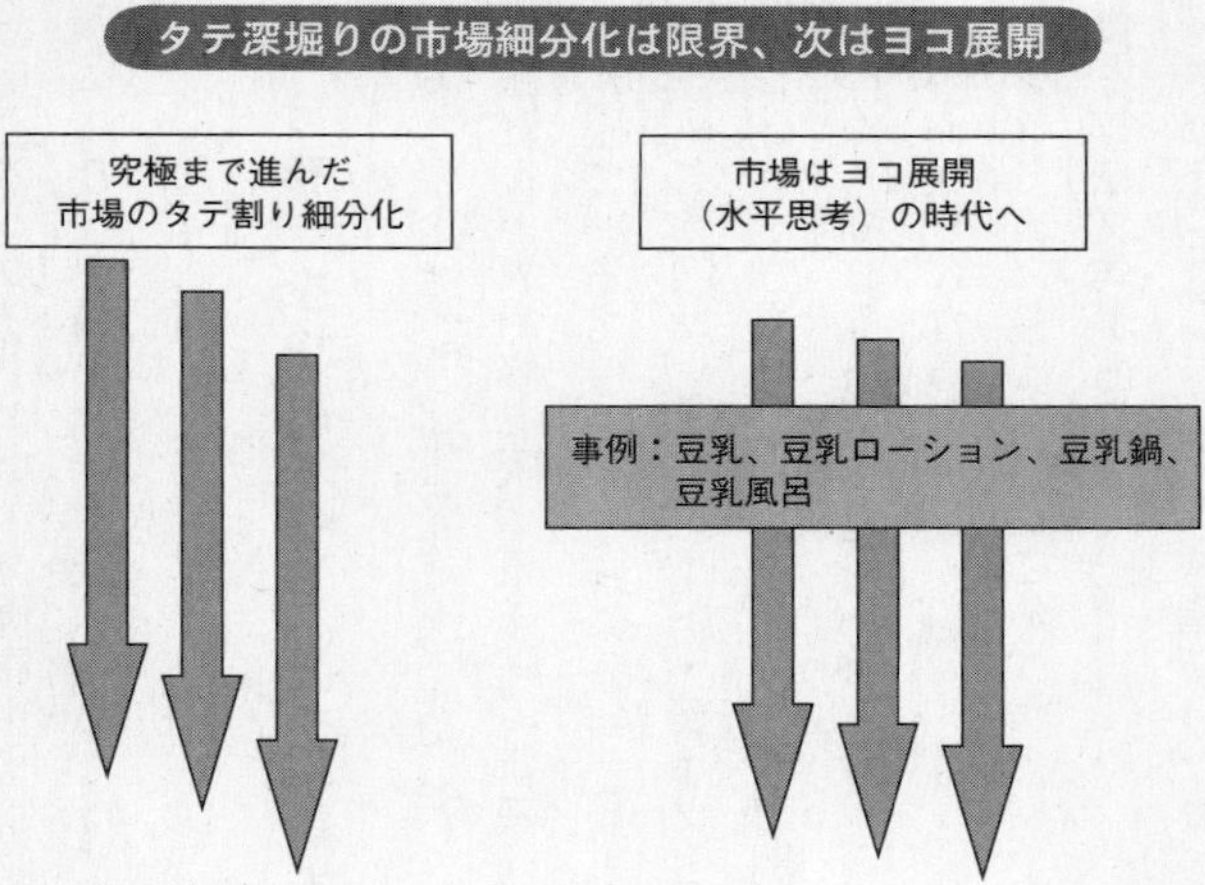

富でないと納得できない。豆乳がよい例で、そのキーワードが流行ったら、豆乳と名の付く商品を次から次へと出すことが大事」

図を見ていただければわかるように、豆乳ブームに火がつくと、豆乳鍋や豆乳ローションも確かに流行りました。豆乳をベースに使えるものを次から次へと出して、ブームを一時的現象に終わらせないようにしています。

実は次のような連鎖があります。豆乳は大豆からできている。大豆には、イソフラボン、オリゴ糖、ペプチドという健康要素が含まれています。同じ原料、素材の商品のバリエーションが多くても、その背後には例えばペプチドといった健康キーワードがヨコに貫かれているのです。

つまり、市場をタテに深く掘るだけでなく、ヨコに展開していくことの重要性を説いているのです。

「分布」を検討するとき、統計を読むだけではダメ、現場に出向こう

そんなとき、『コトラーのマーケティング思考法』（フィリップ・コトラーほか著、恩蔵直人・大川修二訳、東洋経済新報社）を読みました。そこにまさに、ヨコ展開の話が出ているではありませんか。これをコトラーさんは、「水平思考」といっています。もともとは、エドワード・デボノという学者が唱えた考え方です。

コトラーさんはコーンフレークの事例を出しています。コーンフレークを朝食だと思ったら新商品は生まれない。お菓子にできないかと考えれば、「シリアルバー」というお菓子になると。

アメリカに住んでいたころ、スーパーマーケットに買い物に行くと、やたらと目に付く宣伝文句がありました。

FAT FREEです。「脂肪分ゼロ」という意味です。牛乳でもお菓子でもFAT

FREEと表記している商品が陳列棚にずらりと並んでいました。

今、日本でもカロリーゼロブームです。ブームに火を点けたのは、激烈なシェア争いをしているペプシ対コカ・コーラのコーク戦争です。二〇〇六年にカロリーゼロの炭酸飲料「ペプシネックス」が新発売され、翌年には「コカ・コーラゼロ」が対抗商品として出てきたのです。

カロリーゼロ戦争は、コークの世界からヨコに広がっています。「砂糖ゼロ」「脂肪ゼロ」「糖類ゼロ」「糖質ゼロ」を標榜する商品が次から次へと発売されています。一〇〇ミリリットル当たり二〇キロカロリー以下ならばゼロカロリーと表示できる問題はあるとしても、「ゼロ商品」のヨコ展開はすごいものがあります。ヨーグルト、ガム、缶酎ハイ、缶コーヒーとどんどん広がっています。

とりわけゼロ戦争が激化しているのが、発泡酒の市場です。

最初に火を点けたのは、二〇〇一年に発売されたサントリーの「ダイエット〈生〉」です。カロリーを五〇%カットしています。その後、新機軸を打ち出したのが、〇二年に発売されたキリンビールの「淡麗グリーンラベル」です。糖質を七〇%カットしたのです。糖質は、砂糖やでんぷんなどの総称です。その後、プリン体を九九%カットした淡麗ブランドの派生商品を出しています。

ここまでは前哨戦です。本当のゼロ戦争は、アサヒビールが二〇〇七年に糖質ゼロの「アサヒスタイルフリー」を出してからです。

これで勝負あったか、とも思われましたが、キリンビールが二〇〇八年二月、ついに決定版を出してきました。「麒麟ZERO」で、カロリーオフと糖質ゼロを同時に実現したのです。麒麟ZEROは、年間販売予定数を当初の四〇〇万ケース（大ビン換算）から六〇〇万ケースに上方修正するほどのヒット商品になりました。

若い人や女性にも飲みやすくするため、アルコール度を三％に抑えてあります。問題は、アルコール度が低ければビールとしての味わいも落ちるという点でした。麒麟ZEROの場合は、深い味わいと香りを引き出す特許技術を生かしています。大豆たんぱくからアミノ酸や大豆ペプチドを生成し、糖を加えて加熱すると、深い味わいと香りが出ることを技術として確立したのです。

キリンビールの調べだと、糖質オフ商品は発泡酒市場で三五％を占めるまでになっています。日本人が低アルコールを好むようになってきたことで、発泡酒が人気を呼んだのですが、女性が糖質オフとしての発泡酒を好んで飲むようになった影響も大きいのです。

ビールといえば、男性の飲み物というイメージがありました。しかし、発泡酒を含めたビール市場の分布は大きく様変わりしました。カロリーオフや糖質オフの発泡酒が出てきたことで、低アルコールを好む女性、メタボリックシンドローム(内臓脂肪症候群)を気にする中高年、カクテルなどほかの飲料から乗り換える若者の支持を得ることができたのです。

こういったタテ展開、ヨコ展開、さまざまな切り口での「分布」から革新を生むために、ドラッカーさんは注意を促しています。「統計を読むだけではダメ、現場に行き、自分の目で見て、自分の耳で聞くことが大事だ」と。

ドラッカーさんはいいました——それは違う！

イノベーションはアイデア、発明であるというウソ

「イノベーションとは企業家による新結合である」と定義したのは、大経済学者のヨーゼフ・シュンペーターでした。

彼は、

「企業家とは、秩序を破壊し解体する者」と定義しています。ここから、彼の有名な言葉である「創造的破壊」が誕生するのです。

最初の月ロケットも新幹線も既存技術の組み合わせから生まれた

新結合については前高知工科大学副学長の水野博之さんがおもしろい話をしてくれました。

「月ロケットを飛ばすのと壁掛けテレビをつくるのとどちらが難しかったと思いますか。いずれも一九六〇年代にアメリカで始まった大型プロジェクトなのですが、答えは壁掛け

テレビです」

水野さんの説明はこうでした。

一九六九年、アメリカのアポロ11号が人類史上初めて月に着陸し、アームストロング船長が偉大なる一歩を月面に記したことを覚えている方も多いと思います。当時の月ロケットには、新しい要素技術はいっさい使われていなかったのです。すでにこの世に存在する部品だけを集めて月ロケットを開発したのです。

なぜ新しい技術を使わなかったのでしょうか。

想像を絶する過酷な環境下にある宇宙では、最高の品質と信頼性を備えた技術、部品でなければならなかったということです。

そこで思い出すのが、日本が誇る新幹線です。東海道線の輸送力が限界に達した一九五〇年代半ば、東京と大阪の間を時速二〇〇キロメートルで走らせる新幹線プロジェクトはスタートしました。この国家プロジェクトの責任を負ったのが、当時国鉄の技師長だった島秀雄さんでした。島さんは、

「鉄道でなによりも大事なのは安全だ。時速二〇〇キロメートルの壁を超えるために新しい技術を開発するのではなく、実証済みの技術を組み合わせて挑戦しよう」

という方針を出したのでした。

新しい技術、例えば車体を軽くするための材料開発などはいっさい認めませんでした。早期の新幹線開通が求められていたために新しい技術の実証実験をする時間がなかったということも背景にはありましたが、島さんは既存技術の組み合わせ、今でいうシステム工学に重点を置いて新幹線の開発を行い、成功させたのです。

水野さんによれば、アインシュタインの相対性理論も知識の結合から生まれたのです。

「光の速さは不変である」

というマイケルソンの「光速度不変」の法則、モーレイという学者による実験結果、ローレンツという学者が考案した収縮の考え方の組み合わせから生まれたのです。グーテンベルクの印刷技術も、その背後には歴史に名を残さなかった数多くの発明家の貢献がありました。

だからこそ、ドラッカーさんはいうのです。

「イノベーションは単なる思いつきやアイデアではない。どんなに小さなイノベーションであっても、そこには組織的な活動がある」と。

第六章

知識創造時代に新たな「カイゼン」を

日本のお家芸「学習する組織」を再評価

「『断層』は、イノベーションへの招待状である」

（『イノベーションと起業家精神（上）』〈上田惇生訳、ダイヤモンド社〉より引用）

「必要は発明の母」という名言があります。潜在ニーズと現実のギャップ、期待と結果のギャップなど、現実の世界には断層があります。その断層を埋める作業こそ、日本企業が得意とする「改善活動」です。そのコアになるのがチーム学習です。ただし、知識創造社会におけるチーム学習は、大量生産時代のスタイルとは異なります。

松下幸之助さん、最初のイノベーションは二股ソケット

パナソニック（旧社名・松下電器産業）の創業者である故・松下幸之助さんの話から入りたいと思います。

この話は、前高知工科大学副学長の水野博之さんから教わったことです。水野さんは、もともとパナソニックの副社長まで務めた方で、今なお、日本発のオリジナル商品をどうやって生み出していくかの啓蒙活動を続けています。

水野さんに逆質問を受けたことがあります。

「酒井さん、大正、昭和の時代を通じて大変にもうかった特許、実用新案をご存知ですか」

知る由もないわけです。ソニーの「ウォークマン」かなとか、ビデオカセット再生のVHSかな、とか考えてみたのですが、水野さんの答えは意外にもローテク商品でした。

その一つが、幸之助さんが発明した「二股ソケット」です。

私と同じ世代でも知らない人のほうが多いかもしれませんが、私は子どものころに

実際に使っていました。

二股ソケットは、裸電球の差し込み口のことです。昔は蛍光灯なんてありません。どの家にも、裸電球が天井からぶら下がっていました。壁に設置されているスイッチなんて便利なものもありませんでした。ソケットからひもがぶら下がっていて、それを引っ張って、電気を点けたり消したりしていました。

余談ですが、電気のひもにハエ取り紙をくりつけていた家が結構ありました。ハエ取り紙は粘着シートみたいなもので、空中を飛んでいるハエをネバネバしたシートで捕まえる仕組みです。ちなみに英語では「フライペーパー」といいますから、海外にも同様の商品があるようです。

二股ソケットの話に戻ります。

時代は大正にさかのぼります。当時の家庭では、裸電球が一個、天井からぶら下がっていました。

家庭ではこんな会話が交わされていたかもしれません。

妻「あなた、そろそろ休みましょうか」

夫「電球を取り換えるか」

当時は就寝するとき、裸電球を大きな球から小さな球に換えるのが日課でした。なぜなら、電球の差し込み口が一つしかなかったからです。夫は電球を取り換えようとして、

「熱いな。そこの手ぬぐいを取ってくれ」

といっていたかもしれません。

換えようにも、電球が熱くなっていて、素手ではヤケドをしてしまう。だから、手ぬぐいなどで電球を包んで回し、ソケットから外さねばならなかったのです。

ここで幸之助さんの登場です。彼はこの不便さをなんとかできるはずだ、そうひらめいて、差し込み口を二つにしようと思いついたのです。

幸之助さんが最初に二股ソケットの製造販売を始めたのは、大正六年（一九一七年）、二二歳のときです。幸之助さんは、大阪電灯（今の関西電力）の見習い工だったのですが、二股ソケットの製造販売を機に独立することを決め、その翌年、松下電気器具製作所を創業しました。

この二股ソケットは当初、売れませんでした。

実際に二股ソケットが売れたのは、数年後のことです。改良に改良を重ね、品質を

高めた。その結果として市場で人気を博するようになるのですが、抜群のアイデアが即売れるというわけではないことも、ここから学べることです。

幸之助さんはその後、自転車用電池ランプで大ヒットを飛ばし、今のパナソニックグループの礎を築いたのです。

すごいと思いませんか。二股ソケットを思いついて会社をつくり、今では売上高九兆一〇〇〇億円、従業員数三三万人の巨大グループ会社になったのですから。

日本三大発明品はいずれもローテク

二つ目は地下足袋《じかたび》です。

足袋といっても、最近はなじみが薄くなりました。それでも、着物を着る人や日本舞踊などを習っている人ははいています。

地下足袋は、足袋の裏側にゴムを貼り付けたのが最初です。工事現場で作業をする人の中には、今でも愛用している人がたくさんいます。

この商品を考案したのは、タイヤメーカーのブリヂストンの創業者である故・石橋正二郎さんです。

日本の三大発明品はローテク

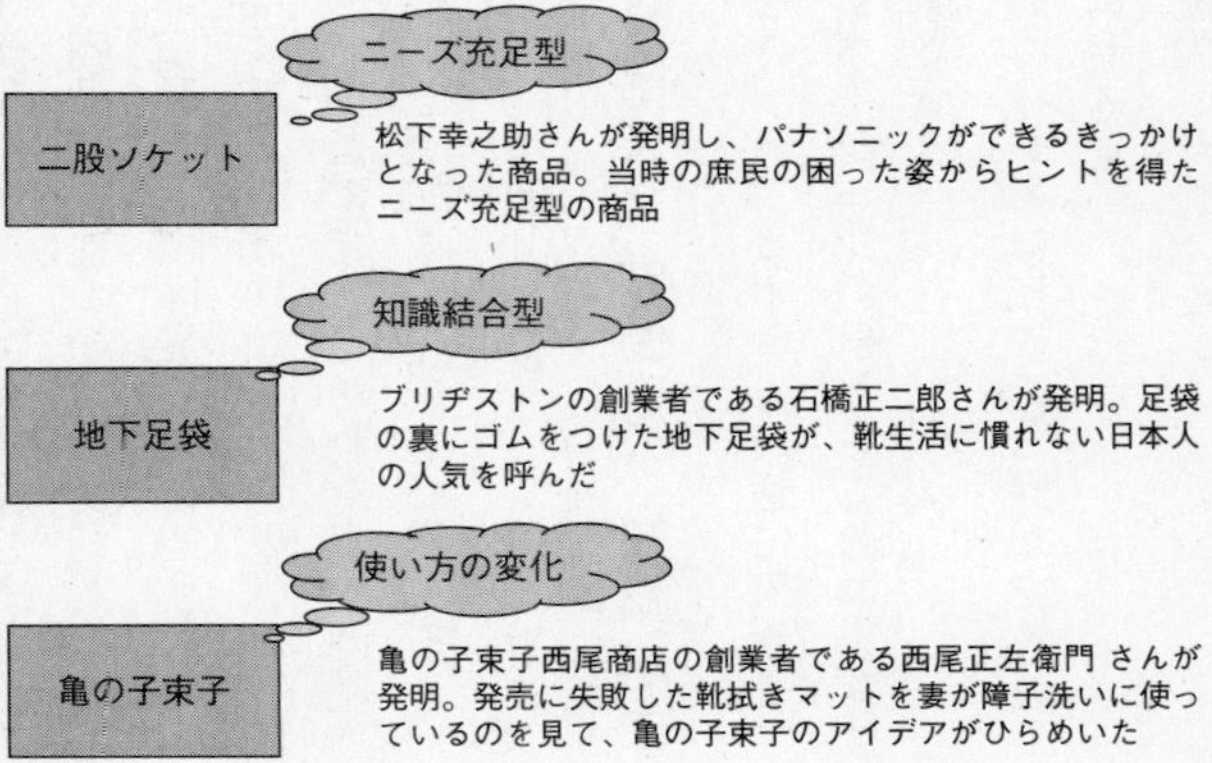
ニーズ充足型
二股ソケット
松下幸之助さんが発明し、パナソニックができるきっかけとなった商品。当時の庶民の困った姿からヒントを得たニーズ充足型の商品
知識結合型
地下足袋
ブリヂストンの創業者である石橋正二郎さんが発明。足袋の裏にゴムをつけた地下足袋が、靴生活に慣れない日本人の人気を呼んだ
使い方の変化
亀の子束子
亀の子束子西尾商店の創業者である西尾正左衛門さんが発明。発売に失敗した靴拭きマットを妻が障子洗いに使っているのを見て、亀の子束子のアイデアがひらめいた

明治の文明開化によって西洋の商品がたくさん日本に入ってきました。革靴や運動靴も入ってきましたが、もともと下駄や草《ぞう》履《り》に慣れている日本人にとって、靴はなんとも窮屈なわけです。足袋を靴にしたら愛用されるのではないか。この発想が当たったのです。

日本の三大発明の最後は「亀の子束子《たわし》」です。この商品は一般名称ではなく、東京都北区にある亀の子束子西尾商店の商品名、登録商標です。今でも、家庭の台所にある現役商品ですが、最初の発売は明治四〇年、一九〇七年というのですから、超長寿商品です。

おもしろいのは、第一章で「使い方が違

った」商品やサービスを紹介しましたが、亀の子束子もそうなのです。

この商品は同社の初代社長である西尾正左衛門さんが考案したのですが、最初は靴拭きの道具として開発したのです。しかし、使っていると毛先がつぶれてしまい、大量返品に苦しみます。そんなときに、西尾さんの妻のやすさんがその商品を障子洗いに使っていたのです。それを見た西尾さんはピンと来ました。

「靴拭きではなく、洗浄用に使える」

と考え、女性が扱いやすい今のサイズにして発売し、成功しました。

プロセス、労働力、知識が三つのニーズ分野

ここでドラッカーさんの話に入ります。
「イノベーションの母としてのニーズは、限定されたニーズである」(『イノベーションと起業家精神（上）』)
そのニーズには三つの分野があるとドラッカーさんは解説しています。

・プロセス
・労働力

・知識

の三分野です。

ドラッカーさんはあれだけの碩学《せきがく》でありながら、実にたわいもない事例を示して、自分のいいたいことを相手に伝えようとする人でした。

「以前住んでいたコロラド州にグランドジャクソンという町がある。そこの医者が動脈瘤の難しい手術をしなければならなくなったが、そういう手術をしたことがなかった。

そこで、医療用のソフトウエアを手術の二日前に買って勉強した。そこには手術法から写真まですべて収録されている。ソフトウエアを見ながら手術をして、患者は無事に退院できた」

ドラッカーさんがアウトソーシングの影響について語ったときの逸話ですが、同時に不便さを克服するためのプロセス上のニーズの事例でもあります。

二つ目は、労働力上のニーズです。

ドラッカーさんが紹介している労働力上のニーズの事例は、私がとても好きな例で、AT&Tというアメリカの大手電話会社が起こした革新です。

一九〇〇年代の初め、AT&Tの調査部門の人が一五年後に必要とされる電話交換手の数を予測したそうです。そして、その予測結果に愕然としたのです。一九二五年から三〇年のあたりで、一七歳から六〇歳のアメリカ人女性全員が電話交換手にならなければ、電話需要を満たせないという結果が出たのです。そんなことは不可能だということで、自動交換機の開発が急ピッチで行われたのです。

三つ目は、知識上のニーズです。

ドラッカーさんが紹介しているのは、カメラの事例です。一八八八年に、アメリカのジョージ・イーストマンさんが今のセルロイド式のネガフィルムを発明します。いわゆるロールフィルムです。セルロイドに感光乳剤を塗った一〇〇枚撮りフィルムと、それに対応するカメラをセットで発売したのが最初です。それまでは、ガラス板が使われていました。ガラス板式は、ガラス板に塗った硫酸水銀液が乾燥しないうちに撮影しなければなりませんでした。また、ガラス板ですから、重くて壊れやすい。

それをイーストマンさんがセルロイドを使うという「知識」によって、手軽に写真が撮れるようにしたのです。しかもセルロイドだから、カメラは軽くてすみます。この発明がきっかけとなってカメラは軽量化、大衆化していくのです。イーストマンさんがつくった会社が、現在も隆々としているイーストマン・コダック社です。

ここで出てきた軽量化の歴史は、まさに日本の技術が取り組んだ最重要課題だったといっても過言ではありません。ソニーが開発したウォークマン一つとっても、軽量化、小型化することで個人が動きながら音楽を楽しむことができるようになったのです。

日経ビジネスが生み出した言葉「軽薄短小」が日本の強さ

日経ビジネスが生み出した流行語の一つに、

「軽薄短小」

があります。重厚長大と対極にあるキーワードです。この軽薄短小というキーワードが生まれたのは、一九八二年二月八日号の日経ビジネスの特集記事でした。前文にはこう書いてあります。

「商品をより軽く、薄く、(丈を)短く、そして小さく——。それは、資源、エネルギー、土地の価格が高騰する中で、加工国・日本の生きる方向をはっきり指し示している。このうねりは産業構造を変え、物流の方向まで変えてしまう。軽・薄・短・小化を支えるのは技術革新と商品開発、知恵と工夫である。大手から中小、零細企業に至るまで、軽・薄・短・小の衝撃に耐えられない企業はこの大波の下に、沈んで行くしかない」

軽薄短小の象徴的事例として、電卓を挙げています。シャープが開発した電卓は、過去一五年間で大きさは四四〇〇分の一になり、消費電力は四五万分の一になったと解説しています。

一九八〇年代初頭に打ち出された軽薄短小のキーワードは、資源高が再来した今、ますます技術開発の大きなテーマになっていくでしょう。利便性だけでなく、省資源、省エネルギー、モバイル性など時代の要請に合った商品を開発しようとすると、軽薄短小が重要になるのです。

なんでも小さく軽くしてしまう技術力こそ、プロセス上のニーズを見つけ出すことを得意とする日本企業のお家芸なのではないでしょうか。

日本語「改善」が世界語「KAIZEN」になった

さて、ここからはニーズを発見するためにどんな方策が企業に求められているかを

検証してみたいと思います。ニーズというからピンと来ないところもあるでしょうが、日本人にとっては、

「改善」

というキーワードのほうがわかりやすいかもしれません。改善を進めるための要件はなにかを改めて検討してみたいと思います。

ちなみに「KAIZEN」は今や世界語です。英語の辞書にも載っているほどです。メキシコのフォード工場に取材に行った際、アメリカ人の品質担当責任者が、

「KAIZAN」

といったのにはびっくりしました。確かに、「改善」をアメリカ英語で発音したら、「改ざん」になってしまいます。それほどに「改善」は世界の工場に浸透しているのです。

私に「改善」の大事さを教えてくれた師匠が何人かいます。その一人が、パナソニックで品質管理に携わってきた伊藤譲さん（故人）という人です。ユナイテッド・テクノロジー（UTC）というアメリカの大会社で品質活動の指導をしていました。伊藤さんに『製造業における〝ゴミ・ホコリ〟戦争』という小冊子をもらったこと

があります。四一ページの小冊子の中に改善活動の真髄が書かれています。

モノづくりの基本は、整理整頓といわれます。日本の工場に見学に行ってみてください。部品や半製品がきちんと整理されています。日本が世界をリードする高品質の製品を世に送り出すことができるようになったのは、整理整頓ができたからといっても過言ではありません。

伊藤さんは、整理整頓に加えて、「ゴミ・ホコリ追放運動」の重要性を説いています。

「精密で複雑な機能・構造を持った製品分野で成功する基本的なカギはゴミ、ホコリ問題だと私は思っています」

少し長くなりますが、なぜゴミ・ホコリが大問題なのか、伊藤さんの小冊子から引用させてもらいます。

「リモコンの模型飛行機が歩いていた主婦に激突して大けがをさせたというニュースがありました。この種のリモコン事故は操作ミスもありますが、電子制御機能の故障もあります。この電子制御系の故障をゴミ・ホコリに結びつけて考えてみたいと思います。

電子制御の仕組みの中にはマイコンの命令で動かねばならない弱電スイッチやデリケートな機械部分が必ずあります。これらの部位はゴミ・ホコリなどの異物によって故障する危険が極めて高い傾向にあります」

「ゴミ・ホコリ戦争に勝つこと。これがこれからのマイコン製品時代に生き残り、生成発展してゆくために重要なメーカーの基本的命題と私は信じております」

こう記した上で、たくさんのゴミ・ホコリとの戦い方を紹介しています。これ以上は専門家のレベルですから割愛しますが、私も最初は伊藤さんのいっていることの重大さが本当の意味では理解できていませんでした。

ホコリ一つで飛行機が墜落することだってあり得る

あるとき、伊藤さんがUTCの工場の一室に私を案内してくれたことがありました。そこには、工場らしからぬ顕微鏡が何台か並べてあったことを、今でも鮮明に記憶しています。工場というよりも研究所といった風情なのです。

「のぞいてご覧なさい」

と促されるままに、顕微鏡の中を見ました。よくわからないのですが、なにか異常が起きた痕跡があることだけは理解できました。

「これは航空機エンジンを制御する電子制御板の一部なのですよ。実際に飛んでいる旅客機で故障が起きたのです。それで電子制御板を取り寄せて調べてみたら、ホコリが入って静電気が起きて、ショートしたことがわかりました」

伊藤さんの説明は、恐ろしいことを語っていることになります。飛んでいる飛行機のエンジンが止まる。その理由が電子制御板に入り込んだホコリだというのですからね。

「めったに起きることではないのでしょ」

と問うと、

「結構、頻繁に起きているから問題なのです。もちろん、大事故につながったケースはありませんが、可能性としてはないことではありません」

こうなると、もはやプロセス上のニーズではなく、人間の生死をかけたニーズです。改善活動、品質活動が製品開発になくてはならないものであることを思い知らされました。

老品質専門家がアメリカの工場を救う

伊藤さんに問うてみました。

酒井「ゴミやホコリを追放するなら、クリーンルームにすればいいですよね」

伊藤「クリーンルームの中で製品をつくれたらいいですよ。しかし、その投資額を考えたら採算に合いません」

酒井「では、どうすればいいのですか」

伊藤「品質を上げていくには、マネージャークラスの人と現場の従業員のチームワークが一番大事です」

私はキツネにつままれた思いでした。

酒井「チームワークですか」

ゴミやホコリの追放というテクニカルな話題のはずなのに、その解決策がチームワークだというのですから、まったくもって驚いたわけです。

伊藤さんはそれから時間をかけて語り始めました。それは、UTCの工場で起きた奇跡のドラマです。

少し長くなりますが、伊藤さんが一人語りで教えてくれた奇跡のドラマにお付き合いいただきましょう。これはまさにアメリカ版「プロジェクトX」です。

当時、伊藤さんは六七歳でした。パナソニックで品質担当の責任者だった伊藤さんは、会社を退職し、日本オーチスというエレベーターの会社に移り、エレベーターに使う電子制御装置の不良率を下げる仕事に携わっていました。

伊藤さんの仕事ぶりを、驚嘆の念を持って観察していた男がいました。当時のUTCの社長です。

その名は、ジョージ・デイビッド。デイビッドさん（現在はUTC会長）は日本オーチスの会長を兼務していた関係で、毎年五回は日本を訪れていました。伊藤さんの仕事ぶりもその際に目の当たりにしていたのです。

「伊藤さん、ぜひUTCの特別顧問を引き受けてくれませんか」

デイビッドさんは何度もラブコールを伊藤さんに送りました。

しかし、伊藤さんは頑として首をタテに振りませんでした。これまで海外で生活したこともない。ようやく余裕のある第二の人生を歩み始めたばかりです。妻にも迷惑をかけられない。

それに、UTCから頼まれた仕事は、航空機用ジェットエンジンやらヘリコプターやらの不良率の改善だ。電化製品では経験があり自信もあるが、飛行機やヘリコプターなど今まで体験したこともない製品の改善活動ができるわけがない。ましてや、年齢はまもなく七〇歳に届こうとしているときです。アメリカに居を構え、不自由な中で生活する勇気もなかったというのです。

しかし、デイビッドさんのほれ込みようといったら、大変なものでした。あるとき、デイビッドさんは、「自由の女神」の肉筆デッサン画と自分の気持ちを赤裸々にしたためた直筆の手紙を伊藤さんに渡しました。

「そこまでいってくださるのなら、重い腰を上げねばなるまい」

伊藤さんは、デイビッドさんのこまやかな配慮に心を動かされました。

奇跡のドラマは、コネティカット州にあるノースヘイブン工場で起きるのです。UTCの傘下にあるジェットエンジン最大手「プラット・アンド・ホイットニー」(P&W)の主力工場です。

当時、この工場では、世紀の大仕事が進められていました。二一世紀の半ばまで大型旅客機の花形の座を約束されている新鋭機「ボーイング777」に載せる新型エンジンを生産する責務を負っていたのです。

ノースヘイブン工場を訪れたとき、心から伊藤さんを歓迎する人間はいませんでした。当時、P＆Wは二年続けて大幅な営業赤字を出し、会社再建の真っ最中だったからです。P＆Wのほかの工場が次々に閉鎖され、従業員が次々に解雇されていました。

「どうせ、おれらも首だぜ」

従業員はいつ訪れるかわからない解雇通知に脅えていました。そこに、東洋の国からジェットエンジンのエの字も知らない老人がやってくるという。

「足手まといになるだけだ」

ノースヘイブン工場のだれもがそう思っていたといいます。

当時の工場長エドワード・ノーザンさんも例外ではありませんでした。デイビッドさんが自宅で開いたパーティーの席にノーザンさんも伊藤さんと一緒に招かれました。

「ノースヘイブン工場はP&Wの中核工場にもかかわらず、工場の中身は最低だ」

歯に衣着せぬデイビッドさんの物言いをノーザンさんは腹立たしく思っていました。

「デイビッド社長は、おれが立て直しに失敗したら、工場を閉鎖する積もりだ。おれは、GEで二つの工場の立て直しを成功させた実績を持っている。閉鎖なんてさせてたまるか」

アメリカで社長の権限は絶大です。未知の東洋人を押し付けられても文句はいえないが、

「おれは絶対にやってみせる」

とノーザンさんは闘志を燃やしました。東洋からのお客さんのことは眼中にもなかったのです。

「不良品率一%台」のウソから始まった改善活動

従業員ばかりか工場長にも相手にされない中で、伊藤さんはノースヘイブン工場の改善に取りかかっていくのです。

伊藤さんはまず、工場の不良率の把握から始めましたが、これが難儀でした。

「不良率は一%台です」

不良率が一%台なら、日本企業の工場となんら変わらない。伊藤さんの出る幕はない。

しかし、この数字が見せかけの数字であることを、長年、工場の中で働いてきた伊藤さんはすぐに見破ったのです。

「こんな汚い工場で不良率が一%台のはずはない」

図星でした。

確かに最終工程での不良率は一%台で、その数字に間違いはない。しかし、このよそゆきの数字には、各生産工程での不良品や手直しの数字が含まれていませんでした。日本企業の場合、すべての工程での不良品や手直しも含めた上で、一%台の不良率を成し遂げていたことに比べれば天と地の差です。

「工場全体の不良率を正確に把握できなければ、どの工程に問題があり、どこを改善すべきかの方策を立てられない」

伊藤さんは初歩の初歩から仕事を始めねばなりませんでした。

信頼こそがすべての始まり

なぜ工程ごとの不良品を申告しないのか。正直に不良品の数を表に出したら、最悪の場合、解雇されるという恐怖心が工場従業員にあったからです。

アメリカの工場では一般的に、マネージャークラスと現場従業員との間に強烈な不信感があります。マネージャークラスは大卒が多く、報酬も月給制です。それに対して現場従業員は時給制です。給与体系が違うだけでなく、なにか問題が起きると、現場従業員はすぐに解雇される。自分の身を守るには、本当のことをいわないほうがいい。そんな空気がノースヘイブン工場全体を覆っていたのです。

「信頼こそが品質管理の基本なのだが」

と困った伊藤さんは、あるアイデアを思いつきました。

名付けて、

「不良率予想コンテスト」

各工程に正しい不良率を報告させて、全体の不良率が本当はどれぐらいかを当てるコンテストです。伊藤さんは、真珠のペンダントをポケットマネーで買って賞品にしました。

さらに、不良品を申告する際に過去の失敗は問わないことを工場長のノーザンさんが保証しました。伊藤さんは、不良を見つけて改善することを、

「サクセスストーリー」

と名付けて、隠したがる雰囲気の一掃に努めました。

実にたわいもない工夫です。しかし、こんな努力によって工場の雰囲気は一変したのです。実際、ノースヘイブン工場の不良率は半年後に半減し、一年後には不良率の九割を削減することになっていきました。

「学習する工場になった」

と伊藤さんは当時を振り返っています。

日本に学んだピーター・センゲさんの「学習する組織」論

伊藤さんは「学習する工場」と表現したのですが、これは含蓄のある言葉です。というのも、同じことをマサチューセッツ工科大学（MIT）のピーター・センゲ教授が理論化しているからです。

センゲさんは一九九〇年に『The Fifth Discipline』という本を世に問いました。邦訳は『最強組織の法則――新時代のチームワークとは何か』（守部信之訳、徳間書店）です。「最強組織の法則」というタイトルを付けたからセンゲさんのコンセプトがわかりにくいのですが、『ハーバード・ビジネス・レビュー』誌が当時、過去七五年間で最も独創的な著作の一つだと絶賛した本です。

ちなみに、続編『フィールドブック　学習する組織「5つの能力」』（柴田昌治監訳、牧野元三訳、日本経済新聞出版社）のほうが、著者の切り口をそのまま本のタイトルにしていてわかりやすいと思います。

この「学習する組織」というコンセプトは、組織に属するメンバーがビジョンや目標を達成するために自分自身の能力を伸ばしたり、考え方を一新したりすることによって、企業の競争力を高めていこうという組織論です。

「組織は管理するものだ」という旧来型の考え方を一八〇度転換した経営論です。

実に多様な広がりというか、IT時代の企業のあり方、組織のあり方、人事のあり方に多大な影響を及ぼしました。

センゲさんがまず指摘しているのは、カリスマ的な経営指導者といった一人の人間が偉大な戦略家として活躍し、組織メンバーがそれに従うといったやり方は通用しないということです。このことは、ドラッカーさんが強く主張していることでもあります（第七章参照）。

先ほどの伊藤さんの体験談でいえば、いくら伊藤さんが品質向上策の極意を知っていても、ノースヘイブン工場の従業員全員が動き出さなければ、決して品質は向上しなかったという話に通じます。

その前提に立った上で、センゲさんは次の五つの原則を提示しています。

一、自己マスタリー
二、メンタル・モデルの克服
三、共有ビジョンの構築
四、チーム学習
五、システム思考

知識創造時代のチーム学習、改善のあり方を問う

この五つの原則の中で、「チーム学習」を除く四つの原則についてはリーダーシップ論と強く結びついた話ですので、第七章で説明したいと思います。

チーム学習は日本のお家芸だから改めて学ぶ必要はないのかもしれませんが、高度成長期と今とでは経営環境がまったく違います。その点に留意したチーム学習が求められます。

日本は第二次世界大戦後、日本の占領政策を決めたGHQ（連合軍総司令部）の招きで来日した故・デミング博士が考えた品質管理を企業に導入しました。さらに東京大学名誉教授だった故・石川馨さんを中心に工場現場などの改善作業を進めるために「QCサークル活動」を考案、普及させました。

日本的経営の強さは「経営にはなく現場にあり」とよくいわれたのは、QCサークル活動を中心に工場現場の改善活動が非常に盛んに行われたことを指していました。それが、「日本製品は品質が良い」という品質ブランドをつくり上げたのです。

時代が変わって、今やIT時代です。

多くの企業が今、取り組んでいるIT経営手法の一つに「ナレッジマネジメント」があります。個々人の知恵やノウハウ、経験をコンピューター上に蓄積して、それを従業員全体で共有しようというやり方です。

このナレッジマネジメントを使って、組織の壁を超え、複数のメンバーが同時に学習することができるようになりました。かつてのQCサークルは、工場の中をさらに細分化した単位、例えば自動車の組み立て工程班とか塗装班とかの小さな部署単位に分けて改善活動を行う小集団活動が一般的でした。今のチーム学習は、参加する人間が世界規模で参加することが可能になっているのです。

ナレッジマネジメントにあらず、ぶつかり合う知の対話こそが重要

もう一つ、大事な点があります。それは品質改善だけでなく、知識創造社会にふさわしいチーム学習をいかに実践していくか、です。

一橋大学名誉教授の野中郁次郎さんが、興味深い話を披露したことがあります。

「今のナレッジマネジメントは私が当初、考えていたものとは違っている。欧米で普及しているのは、まだ知の共有でしかない。私が最初に唱えたのは、知の共有ではな

く、知の創造だ」

野中さんといえば、ナレッジマネジメントの元祖です。その元祖ご本人が違うというのですから穏やかではありません。理由は次のようなことでした。

野中さんが唱えたのは、ナレッジマネジメントではなく、「ナレッジクリエーション」です。

どう違うのか。

野中さんは以前、イノベーションがどうして起きるのかを集中的に調べたことがありました。ホンダやパナソニック、キヤノン、アメリカの3Mなどを訪ね、ヒット商品を生むプロセスを聞き取りしました。その結果わかったことは、知の創造を生み出すのに最も大事なことは、「対話」でした。

創造性のある企業には、対話の仕組みがある。議論好きな企業ほど、革新的な製品を生み出しやすいことを発見したのです。例えば、ホンダには「ワイガヤ」の文化がありります。ワイワイガヤガヤと議論しようよ、という企業文化です。その議論を通して、自分たちの限界を超える段階がある。限界を超えれば、新しいものが生まれる確率がとても高いという発見です。

野中さんはおもしろい言い方をしました。

「長嶋茂雄型の直感野球だけでもダメだし、野村克也流のデータ野球のみでもいけない。長嶋の思いを言葉にし、言葉を形にしていく。その作業を再び繰り返す。その連続運動の中から、なにか新しいものが生まれる」と。

思いつきでもダメ、データだけでもダメ。そこに人間同士の対話を入れて、お互いの思いや意見を戦わせる。そのことによって自分たちが気付かないなにかが生まれるということです。

知識創造社会のチーム学習、改善活動は、ぶつかり合う対話の中から生まれるのです。

ドラッカーさんはいいました――それは違う！

イノベーションの訳語は技術革新であるというウソ

ドラッカーさんは、イノベーションについて多くの人が誤解していると指摘しています。まずもって日本語の言い換えが問題になります。

国立国語研究所「外来語」委員会は、次のように訳しています。

【言い換え語】
技術革新

【意味説明】
経済や産業などの発展につながる、技術や仕組みの革新

【手引き】
仕組みを革新することを指す場合、「経営革新」「事業革新」などと、何の仕組みかを具体的に示して言い換えるのが分かりやすい。また、文脈によっては単に「革新」と言い換える方が分かりやすい場合もある。

外来語委員会は、二〇〇二年から一般になじみの薄い外来語を「美しい日本語」に置き換える作業を続けました。当時の小泉純一郎首相が外来語の多用に不快感を示して、文化庁が対応を求められたのが、外来語委員会ができたきっかけです。

外来語委員会は世論調査を実施して、国民の理解度の低い外来語をリストアップしました。その上でそれらの外来語をどう日本語で言い換えるか、議論を続けてきました。その結果、「わかりにくい外来語」を選びました。その候補の一つに、イノベーションが入っていました。

ドラッカーさんがこの話を聞いたら、「それは違う」というでしょう。

「イノベーションは技術のことだけではない。ヒト、社会、組織、時代が絡み合った社会的な言葉である」

本来、イノベーションは、英語にするなら「something new」(何か新しいこと・もの)といった広い意味です。

先の【手引き】を読めば、「仕組みを革新することを指す場合」と書いてありますが、あくまで例外扱いです。ましてや、言い換え語の代表例を「技術革新」としてしまっています。かつて「ハンディ・キャップ」を「身体障害」と役所が訳したために、「知的障害」

に関連する法律の整備が遅れ、知的障害者に対する福祉政策が遅れたと専門家が指摘していました。訳語はとても重要なのです。

近代的銀行の誕生などイノベーションは技術だけにあらず

ここでぜひ注目していただきたいのは、知識の組み合わせによって生まれるイノベーションは決して技術だけではないということです。ドラッカーさんの説明によれば、近代的銀行の先駆であるJPモルガン（現JPモルガン・チェース）は、フランスの起業家的銀行とイギリスの商業銀行のコンセプトを統合する形で生まれたというのです。JPモルガンの誕生は、アメリカの資本主義の基礎をつくったともいえるのです。というのも、同行はGEや大手電話会社のAT&Tなどアメリカを代表する企業の設立に関わったからです。

「知識の組み合わせによって起きる変革がその後、予想もつかなかった産業や制度、現象までを誕生させる」

とドラッカーさんは指摘しています。

一八二九年に「鉄道」が生まれました。貨物の輸送が簡単になり、アメリカでは西部の開拓が進みました。鉄道は旅行という近代的なレジャーを生み出しました。鉄道の発達は、機関車やレールをつくるための製鉄業や機械工業の発達を促しました。安全運行のために列車の運行状況を駅間で伝え合う電信ネットワークも生まれました。

ドラッカーさんはいっています。

「鉄道がもたらした変革は、さらに光学機械や農業器具などの新産業を生み出し、新しい社会をつくっていく。郵便や新聞、投資銀行が生まれたのもそのころだ」

鉄道が人類に与えた最大の影響は、人間の距離感と時間に対する意識を大きく変えたことではなかったでしょうか。自分たちが体験として知り得る世界が格段に広がったことで、さまざまな制度の変容と誕生を迫ったのです。

「サムシング・ニュー」というなにか新しいものを生み出していくことこそが、企業が成長していくために大事なことだといっているのです。経営者はもちろん、一般社員、派遣社員、アシスタントまで、またＮＰＯ（非営利組織）に関わる人、家庭の専業主婦、学生と、ありとあらゆる人たちがイノベーションを起こすチャンスを持っているのです。

第七章

カリスマ経営者は要らない

信頼、ビジョン、方向づけがリーダーの条件

「信頼、すなわち追随する人たちがいること。それ以外の共通点は、私が出会った名指導者にはない」（ドラッカーさん）

知識創造社会のリーダーシップの特徴はなにか。ドラッカーさんは、「カリスマ型の経営者は害があるだけだ」と否定し、どんな時代になっても変わらないのは、「信頼されるリーダーだ」と指摘する。知識創造社会では、出世よりも自分の専門性を愛する部下が増える。それだけに、彼らの専門性を伸ばし、方向づけができるリーダーこそあるべき姿だ。

ドラッカーさんが不快感を示した「カリスマ経営者」

ドラッカーさんが私の質問にひどく不快感を示したことがありました。

私は次のような質問をしたのです。

「『エクセレント・カンパニー』（大前研一訳、講談社）の著者の一人であるトム・ピーターズ氏は、『時代の転換期にはエネルギッシュなリーダーが必要である』といっているし、現代社会においては、カリスマ的な指導者を求める声が絶えない。情報化社会における指導者の要件はどのようなものなのでしょうか」

このカリスマという表現が良くなかったのです。

ドラッカーさんはまず、私がいった「カリスマ」を強く否定しました。

「私は今世紀（二〇世紀のこと）のほとんどを生きてきた。この時代には、ヒトラー、スターリン、ムッソリーニ、毛沢東というカリスマが登場した。カリスマは害をもたらす存在でしかなく、リーダーシップはカリスマに依存するものではない」

私はドラッカーさんが気乗りしていないことに気付かず、追い討ちをかけるような追加質問をしてしまいました。

「インテルの創業者であるアンディ・グローブさんのようなカリスマ的な経営者が求められているのではありませんか」

ドラッカーさんの返事は、

「ノー。カリスマ的経営者が必要だという意見は強く否定しておく」

でした。そして、続けてこういったのです。

「グローブさんは私の友人だが、カリスマではない。自分がカリスマだといわれたら、彼は侮辱されたと思うはずだ。彼の強みは、宿題をきちんとやること。一生懸命に働き、周囲の人にしっかりと説明をして、それで周囲の信頼を勝ち得ている。グローブさんがなにかに疑問を持つとしたら、それは彼が十分に考えた上で質問を発しているのだと周りは理解するだろう」

ドラッカーさんがいらだったのには、訳があります。安易に「カリスマ」という言葉を使ったことが原因でした。

ドラッカーさんは若いころ、ドイツにいましたが、ナチスを嫌ってイギリスに渡り、そしてアメリカに移住しました。実際、ヒトラーが政権に就いたころ、ドラッカーさんは反ナチ的な論文を書いたのです。

名経営者の共通項は、「普遍的信頼」を得る人物

ドラッカーさんの発言に戻ります。彼は以下のように話を続けました。

「信頼、すなわち追随する人たちがいること。それ以外の共通点は、私が出会った名指導者にはない」

ドラッカーさんは、イギリスの将軍の話に触れました。

「バーナード・モントゴメリーというイギリスの将軍をご存じか。第二次世界大戦のとき、アフリカの戦地でドイツに対して最初に勝利を上げた偉大な指導者だ。彼は、第一次世界大戦前にインドで軍隊を指揮したことがあった。ある大佐が一年後にモントゴメリーの指導者としての力量を調べた。その結果は、彼は自分の部下には信頼されているが、ほかの部隊の人には信頼されていないというものだった。

第二次世界大戦になって、イギリス軍全体の指導者を選ぼうとしたとき、チャーチル首相は『モントゴメリーではダメだ』と却下した。最上の実戦部隊の指揮者だとだれもが認めていたが、チャーチルには信用されなかった。チャーチルがいうには、自分の部下からしか信用されないような人は信用できない。これは洞察に富んだ言葉

リーダーシップの７つの条件

- カリスマ型の指導者は要らない
- 名経営者の共通点は「幅広く信頼される人」
- 信頼される経営者は、マメな性格
- リーダーは固定観念打破を
- なにを達成したいかの強い目標を持つ人
- ビジョンを共有させられる人
- 個人で動くのではなく組織で動くための仕組みをつくれる人

だ。部下から信頼されることは絶対条件だが、それだけでは不十分だ」

ドラッカーさんが強く指摘したかったのは、狭い範囲の信頼ではなく、部署を超え組織を超える場合でも通用する「普遍的信頼」が優秀な指導者には必要だということです。

ドラッカーさんは、トヨタ生産方式で有名な故・大野耐一さんとの会話から得られた教訓についても触れました。大野さんはトヨタ自動車の元副社長で、トヨタ自動車最高顧問の豊田英二さんと一緒になって、トヨタ生産方式、ジャスト・イン・タイムを生み出した人です。

「大野さんと長時間にわたって話をしたことがあります。大野さんは、私の持っているクラスのセミナーで次のような話をしてくれました。

『トヨタは一九六〇年代、七〇年代に急成長したために、当時、工場長が不足していた。ある年には、工場長が一五人必要なときもあった。自分が選んだ工場長は、人柄は素晴らしい人がほとんどだった。一つだけ間違っていたのは、チームづくりはうまいのだけれど、チームの中でしか信頼を得られないから、工場全体のトップとしては不適格な人を選んだことだった』と」

直属の部下に愛されるだけでは適任ではない、他のチームの人からも信頼されなくてはならないという点をドラッカーさんは強調しているのです。

部下を褒めることを厭わなかったジャック・ウェルチさん

退職後に名声が堕ちましたが、一時はアメリカ最高の経営者といわれたGEの前CEOであるジャック・ウェルチさんの部下への配慮は大変なものでした。

そのマメさを垣間見たことがあります。日経ビジネスのニューヨーク支局に駐在していたときのことです。GEが推進している品質管理運動「シックスシグマ」の取材でメリーランド州にあるGEの工場に向かっている最中の出来事でした。車はGEの広報担当者が運転し、私は助手席に座っていました。

途中で広報担当者の携帯電話が鳴りました。広報担当者は運転しながらも、次第に顔が紅潮していきました。電話が終わり、私が聞きもしないのに、その広報担当者は、

「ウェルチ会長からの電話でした。『いい仕事をした。でかしたぞ』といわれました」

と大変な喜びようでした。

広報担当者が、ドイツの週刊経済誌シュピーゲルによるウェルチさんへのインタビューをセッティングしたのです。その記事が前日に出て、早速英語に訳された記事をウェルチさんが読んだ。ウェルチさんは自分の主張がしっかり載っていたので、

「いい仕事をした」

とおホメの電話をかけてきたのです。

その広報担当者によれば、全世界で発刊されるメディアのGEに関する記事はすべて英語に翻訳され、ウェルチさんに届けられる。そして、自分だけでなく立派な仕事をした社員には自ら電話をかけてねぎらうというのです。

フェデックスのスミスさんは従業員至上主義者

同じようなことを、航空宅配事業・フェデックスの創業者であるフレデリック・スミスさんに会ったときに感じました。

私がアメリカの経営者でぜひ会いたいと思っていたひとりがスミスさんでした。スミスさんは大学時代に航空宅配事業のアイデアを論文にしましたが、担当教授には評価されませんでした。しかし、スミスさんが論文の中で書いた「ハブ・アンド・スポーク」理論は、航空宅配を効率的に実現するための画期的なコンセプトでした。

ハブ・アンド・スポークといってもなんのことやらですよね。自転車の車輪を思い起こしてください。自転車の車輪の構造をよく見ると、中心（ハブ）から放射状に細い線（スポーク）が広がっています。

なにをいいたいかといえば、ハブが拠点となる大空港です。細い線（スポーク）が大空港から飛び立ち周囲の小空港までの飛行線を示しています。要は、アメリカ各地に拠点となる空港（ハブ）を何カ所か決め、各拠点の空港から周囲の町に飛行機を飛ばせば、効率的に荷物を宅配できるというのです。

スミスさんは飛行機で個別の荷物を運ぶことなどだれも考えなかった時代に、このハブ・アンド・スポークのコンセプトを実現すべく会社を興し、実現したのです。何度も取材を申し込んでやっとのことで会えたときは、記者冥利という感激がありました。もともとアメリカのメディアにもあまり登場しない神秘性のある経営者だったからです。

彼の部屋に入ろうとしたとき、メディア担当の女性が、私が手に持っていた一眼レフのカメラを待合室に置いていくように指示しました。

「スミスは写真を撮られるのが大嫌いなの」

フェデックスには、メディアなどに貸し出すための立派な写真室があって、何百万枚という写真のネガを保管していました。従業員が荷物を選り分けるシーン、飛行機が飛ぶシーンなど、どんな要望にも対応可能ということでした。しかし、スミスさんの写真は二枚しかありません。微笑んでいる写真と無表情の写真の二枚だけです。それほど写真を撮られるのが嫌いだというのです。

インタビューが終わろうとしたとき、私はメディア担当者の助言を無視して尋ねました。

「写真を撮られるのがお嫌いだそうですね。できれば私はあなたのスナップ写真を撮って誌面で使いたい」

スミスさんの答えはあっさりしたものでした。

「写真が嫌いなのではありません。フェデックスという会社の主役は従業員であって私ではありません。だから、私の写真があふれ返ることを警戒しているのです」

そういって写真を撮らせてくれました。カメラは？　抜かりはありません。一眼レフは待合室に置いてきましたが、もう一台の小型カメラをカバンの中にしのばせていましたから、すかさず撮影に成功しました。

「主役は私ではなく従業員」

という言い方はキザといえばキザですが、格好をつけるためにそういったのではありません。航空宅配事業を成功させるには二つの大きな条件があったのです。

一つは、飛行経路をいかに効率的につくり上げるかです。これは、彼のハブ・アンド・スポークのコンセプトによって実現しました。

もう一つは、従業員のモチベーションを高く維持することが条件でした。一日当たりの取扱荷物は三〇〇万個前後。膨大な数の小さな荷物を仕分けし、配送するためにはどうしても人手が必要です。省力化できるところは積極的に機械を利用したとしても、大量の人手が要らなくなる事業ではありません。宅配事業は、従業員の仕事ぶり、生産性が勝負の決め手になるのです。

ですから、従業員が主役であるという発言は、フェデックスが業界の雄であり続けるための条件なのです。

専門家の部下が上司を教える時代になった

では、知識創造社会におけるリーダーシップの条件とはなんでしょうか。まずは、ドラッカーさんの見方をたたき台にしたいと思います。

ドラッカーさんは、

「テクノロジストは昇進には興味がない。金銭的動機では動かない。自分たちの専門性を愛している人たちだから、従来の組織で管理するのは大変難しい。経営者はテクノロジストに経営がどう進むかを示し、彼らに期待していることがなにかを示さねばならない。テクノロジストをどれだけ抱え、どれだけ伸ばせるかが、今後の経営の最大の課題になる」

と予言しています。

変化の少ない時代は上司が長年の会社人生の中で経験した体験が重要でした。しかし、変化の激しい時代には経験則だけでは対応できません。専門家の部下のほうが上司よりもよく知っているということは常に起きるのです。

ウェルチさんも来日した際に、同様の指摘をしていました。

「インターネットの時代は部下が上司を教える時代になる」

ウェルチさんがロンドンに出張に行った折、現地法人のトップが電子商取引について学ぶために、若い社員を指導役にしていたというのです。なかには二〇代の若い社員もいました。ウェルチさんはこのアイデアは素晴らしいと全社で導入させたと披露しました。

上司がなんでも知っている時代は終わったのですから、部長とか課長とか多重構造の階層は必要なくなってきているのです。課長や係長といったポストが日本企業でも少なくなっているのは、スピード重視の意思決定を実現するためでもありますが、専門家である部下を活用するために起きている現象でもあるのです。

「洗濯機は上から衣類を入れるもの」という常識を克服

専門家としての部下を抱える時代になり、数は少なくなってもその任に当たる上司はいかなる資質が求められているかに議論を移します。

この議論で役に立つのが、第六章で紹介したMITのピーター・センゲ教授の「学習する組織」になるための五原則です。

センゲさんは、「メンタル・モデルの克服」「自己マスタリー」「共有ビジョンの構築」「チーム学習」「システム思考」の五つが大事だと提言しています。

チーム学習についてはすでに第六章で紹介しましたので、それ以外の四つの原則に沿って説明したいと思います。その際、一つのヒット商品を事例にしながら四つの原則を当てはめて考えてみたいと思います。

事例は、パナソニック（旧社名・松下電器産業）が二〇〇三年一一月に発売した「ななめドラム式洗濯乾燥機」です。販売価格が従来品に比べて格段に高いのに商品特性が際立つために大ヒット商品になりました。その後、効率的に熱を使えるヒートポンプ技術を採用して、電気代を大幅に削減できる「ヒートポンプななめドラム洗濯乾燥機」を開発し、売れています。

先にメンタル・モデルの克服から入りたいと思います。

メンタル・モデルとは、センゲさんによれば、「我々の心に固定化されたイメージや概念」です。

思い出していただけましたか。そうです、第一章で取り上げたドラッカーさんがいう「認識の変化」に通じる話です。養老孟司さんの「バカの壁」にも似ています。

人間には、自分なりの価値観や世界観がありますよね。その価値観や世界観に縛られると、「固定観念に凝り固まった堅物」なんていわれるわけです。それがさらにひどくなると、「偏見」になってしまうのです。そういった固定的な価値観の打破を行うべきだとセンゲさんはいっているのです。組織学習を通して、個人一人の固定観念だけでなく、組織メンバーが共有しているメンタル・モデルを変えていかなければ競争に勝ち残れないのです。

ななめドラム式洗濯乾燥機の場合はどうでしょうか。

洗濯機は上から衣類を入れるもの――。そんな常識を打ち破ったのです。もともとは、一九九七年にドラム式洗濯乾燥機を発売したことがありました。値段が二四万円と高かったことに加えて、横型ドラム式だったために衣類の投入口が低い位置にあり、衣類の出し入れが大変だったため、消費者の人気はさっぱりだったといいます。

「タテがダメならヨコ、ヨコがダメならナナメ」と洒落てみせたわけではありませんが、ななめドラム式は洗濯機の投入口の位置についてのメンタル・モデルがあったら、この世に生まれなかった商品です。

「ソーシャル・イン」でやりがい持たせるオリンパス

次は自己マスタリーです。マスタリーとは「統御力」とか「勝利」とかの意味ですが、自分は人生においてなにを達成したいのか、そのために潜在的な能力をどう伸ばしていくか、そのために生涯を通じて学習することが大事だというのです。

いろいろな教えをもらっているアフラック（アメリカンファミリー生命保険）の創業者・最高顧問である大竹美喜さんの著書『仕事で本当に大切にしたいこと』（日経ビジネス人文庫）に、自己マスタリーに関連する記述があります。

大竹さんは、アメリカ・ジョージア州に本社があるアフラックが日本に進出する際の水先案内人でした。というより「がん保険」という日本では未知の商品を日本市場に導入した宣教師だったのです。持ち前のバイタリティーで規制官庁を口説き、販売網を整備して、ついには国内最大の外資系保険会社に育て上げたのです。

その大竹さんが本の中で改めて書いています。

「仕事を進める上でもっとも大切にしたいことは、『自分探し』の時間を持つことだ」

「没頭しきれるものを持った人は幸せです。そこには使命感があり、誇りがあります」

自己マスタリーとは、大竹さんが表現したような「没頭できるなにか」ですが、リーダーは部下にどういう専門を身に付けさせ、究めさせられるかが勝負です。

オリンパスの菊川剛社長とあるセミナーでご一緒し、パネルディスカッションをしたことがあります。そのとき、イノベーションを起こす上での重要なキーワードを学びました。

それは、オリンパスが掲げる「Ｓｏｃｉａｌ Ｉｎ」（ソーシャル・イン）です。Ｉｎには三つの言葉の頭文字が含まれています。Ｉｎｖｏｌｖｅｍｅｎｔ（社会との融合）、Ｉｎｓｉｇｈｔ（社会との価値観の共有）、Ｉｎｓｐｉｒａｔｉｏｎ（新しい価値の提案）です。

菊川社長はこう説明しました。「社員は自分の仕事が社会にどれだけ貢献しているのかを強く意識している。貢献できるからこそ、その仕事にやりがいを見出し、やりがいがイノベーションを生み出す原動力になっている」。

オリンパスの創業当初の社名は「高千穂製作所」でした。一九一九年に設立された同社は当初、顕微鏡と体温計を事業の柱にしていました。当時、顕微鏡は海外からの輸入品しかなく、しかも値段が高い。そこで、国産の顕微鏡を開発して販売することにしたのです。「世の中の役に立ちたい」という創業者の思いがビジョンとなったのです。

同社はすでに一兆円企業になっていますが、現在の事業の柱の一つが内視鏡です。胃カメラの開発に始まり、カメラの付いた内視鏡と発展していきます。そして「ファイバースコープ付胃カメラ」の開発によって、胃の中を直接観察できるようになりました。その後、内視鏡の対象領域は、食道、十二指腸、大腸などへ広がっています。菊川社長の言葉を借りれば、「体の中の空洞があるところはどこでも対象になり得る」のです。

特に大腸がんの内視鏡検査が効果的だといわれています。大腸がんは初期段階では症状が現れにくいため、内視鏡検査などを使った検診が重要です。菊川社長は「日本の大腸がんでの死亡者数は二〇年前に比べて二倍になっています。女性のがん死亡原因の一位にもなっています。自覚症状が出たときには、がんがかなり進んでいることもありますから、検診が重要です」と説明してくれました。

社会が求める新しい価値を提供する企業姿勢が、同社に勤めることの誇りを従業員に持たせ、企業と個人の目的を一緒にすることができているのです。従業員の「自己の勝利」（自己マスタリー）なくして、企業のイノベーションは起き得ないのです。

事例に戻ります。

ドラムをななめに傾けるという発想はもともとパナソニックの中にありました。しかし、ななめに傾けたドラムの重心を支えつつドラムを回転させることは技術的に難しいことだとあきらめていたのです。全社的な協力を得て、モーターや部品の大改良がなければ実現できないことでした。

なぜ、今回はあきらめなかったのでしょうか。

まずは、「人にやさしいデザインである「ユニバーサルデザイン」をぜひ実現したいという思いが開発チームやデザイン担当者にあったということです。健常者も障害者もお年寄りも、だれもが使いやすいデザインの商品で人の役に立ちたいという熱い思いがなければ、チームは動かなかったでしょう。

やさしいデザイン市場を開拓するパナソニックとトヨタ

三番目は「共有ビジョンの構築」です。

これは解説を必要としませんよね。将来の目標とか自分たちのなすべき課題を決めることです。目標がなければ前に進めませんからね。ここで一つだけ触れておきたいのは、目標とビジョンはどう違うかです。ビジョンという言葉には、「視覚」とか「視力」とかの受験英語で出てくる訳語がある一方で、「幻《まぼろし》」とか、「幻影」とかの訳語が当てられています。そこから敷衍して「(幻に描く)理想像」という訳語にもなります。

リーダーに求められているのは、不確実な時代にあって、自分たちが進むべき道を示すことです。大海の嵐の中で自分たちは最後にどこに寄港すればいいのか、どの針路を進めば安全に船が港に着くことができるのか。見えない未来を見て、自分たちの方向性を示せる人こそ、リーダーの器であるといっていいはずです。

事例です。

パナソニックは今、ユニバーサルデザインに重点を置いた商品を開発しています。従来はどの企業も弱者対応の商品や環境対応の商品にあまり熱心ではありませんでした。市場が小さかったからです。

しかし、消費者の意識の変化を先取りする企業が現れない限り、消費者の環境重視、ユニバーサルデザイン重視のニーズを顕在化させることはできません。トヨタ自動車がハイブリッドエンジン搭載の車を発売することで、ユーザーの環境への関心に火をつけました。

ユニバーサルデザインでは、トヨタ自動車やパナソニックが市場を切り開こうとしています。

トヨタ自動車は二〇〇四年春、ユニバーサルデザイン展示場「トヨタ　ユニバーサルデザイン　ショウケース」を東京・江東区に開設しました。トヨタのユニバーサルデザイン車だけでなく、他業種のユニバーサルデザイン商品四〇〇点を常時展示しています。

トヨタの張富士夫社長（当時、現会長）が、

「ユニバーサルデザインは環境と安全に並ぶ車づくりの柱」

と強調したように、企業トップがまずビジョンを示すことが大事です。

以前、パナソニックのある役員に会った際、

「これから日本は高齢化社会を迎えます。パナソニックがユニバーサルデザインの商品を次々と発信していくには、デザイン部門を統合・強化することが不可欠でした」

と話していました。

大きさがまだ見えない市場ではとりわけ、トヨタやパナソニックのようなトップの思いが重要です。

デザイン部門の統合から始まったパナソニックの商品改革

最後に「システム思考」について考えてみます。

「木を見て、森を見ず」ということわざがあります。これは、細かなことばかりに目を奪われて大事なことがわかっていないことをいいますよね。一言でいえば、大局観がないということです。

システム思考とは、全体から部分を理解することです。全体の視野から、部分と部

分の関係性を明らかにしていくことです。日本人にはとても不得意な思考方法なのですが、組織が複雑になり、また企業がグローバル化する中で、こうしたシステム思考はとても大事なポイントになってきています。

ドラッカーさんは次のようにいっています。

「部門の長の役割は、現在ある組織から最上の成果を引き出すことである。しかし、トップマネージャーの仕事は、現在の仕事を解体して新しいものをつくり出していくことだ。そして、組織の進む方向性を決定していくことである」

パナソニックは、二〇〇二年にパナソニックデザイン社を発足させて、それまで商品事業部に置いていたデザイナーを同社に集結させました。

デザイン部門は世間的に見れば脚光を浴びる部署ですが、大企業の中でデザイン部門を重要視している会社はあまり多くありません。デザイナーに聞けば、「デザインは大変重要だと経営者は認識しているが、技術と違って口を出しやすい」ということが影響しているのです。

パナソニックはデザイン部門を一元化することで発言力を増し、同社が進めるユニバーサルデザイン商品を次々と実現させているのです。

ななめドラム式洗濯乾燥機は、ドラムをななめにする常識破りの発想だけでヒットしたのではありません。

「ユニーバーサルデザインの商品市場を開拓するぞ」

という上から下までが共有する熱い思いがなければ実現できなかったヒット商品だったのです。「ななめドラムのために新しくモーターや部品をつくり直すのは大変だ」という組織の壁を全社運動として取り払ったのです。

ドラッカーさんはいいました――それは違う！

組織の階層が減ると上司の役割も減るというウソ

知識創造社会では、企業は大きなチャレンジを受けます。その一つが、前に触れた「テクノロジスト」とドラッカーさんが呼んだ新しいビジネスパーソンの登場です。昇進よりも自分の専門を愛し、金銭的な動機づけでは動かない人たちです。

単純労働は中国などに移ります。一方で先進国は人口の減少に悩まされます。その場合、先進国がなさねばならないことは、まず第一に、製造業国家からサービス大国へと変貌を遂げることです。

ドラッカーさんは次のように指摘しています。

「アメリカの場合、過去四〇年の間に製造に関わる労働コストは三〇%からその半分に下がった。一方で生産量は三倍に増えている」

これがなにを意味しているかといえば、製造業の生産性が飛躍的に向上したということです。モトローラ社が開発した品質管理システム「シックスシグマ」は、生産工程だけでなく、製品のデザインや間接部門の生産性向上なども視野に入れた広範囲な品質管理を目指したものです。つまりは、工場の枠を出た品質管理ということができます。シックスシグマで鍛えられたテクノロジストたちが、製造業の生産性向上に寄与しているのです。

アメリカには生産に特化した契約製造会社があります。これらは、仕事の内容としては製造業であっても、発注先から見ればサービス業です。専門家だからこそ、サービス業として外の仕事を受注できるのです。

今後、企業の中にも外にも専門家集団が次々と誕生していきます。だからこそ、企業はヒエラルキー組織からネットワーク組織への変容を迫られるのです。

そのため、企業内のヒエラルキーの意味が薄れていくと思いがちです。しかし、ドラッカーさんは、それを否定します。

「ヒエラルキー、階層はますます重要になってくる。組織の中の規律は尊ばねばならない。それは企業、政府、大学のどんな組織でも同じだ。どんな時代でも上から下へ指揮、命令することが重要だ。最終的にだれかが命令することがなければ、意思決定はできない。船が沈みそうなときにあわてて会議を開いてもしょうがない」

「知識社会では、専門的な知識のある部下を多数持つようになる。だからといって、彼らにすべての権限を与えることにはならない。これからの時代は、意思決定者の役割がますます重要になってくる」

専門的な部下を多数抱える新しい時代には、ＣＥＯ（最高経営責任者）の役割も変わってくるとドラッカーさんは語っていました。具体的には、「ＣＨＯ（最高人財責任者）」の役割を経営トップが担うべきだというのです。

専門家であるテクノロジストたちは、昇進や金銭的対価よりも自分の専門性にこだわります。ＣＥＯは、彼らの専門性に敬意を表すると同時に、彼ら専門家集団をどういう方向に導き、イノベーションを起こさせるかが大事なわけです。埋もれたテクノロジストを発掘し抜擢することも重要になってきますし、外部にいるテクノロジストをスカウトして自社の戦力にすることも経営トップの役割になっているのです。

あとがきに代えて

時代の変化を読む賢者

ピーター・ドラッカーさんは二〇〇五年に九五歳で亡くなられました。

生前、ドラッカーさんは、

「経営の神様」

と呼ばれましたが、それは、彼のつくり出した経営コンセプトがあまりに多かったからです。

「経営（マネジメント）」

という概念を体系化した最初の人物こそ、ドラッカーさんでした。そのほかにも、「プロフィットセンター」「EVA（経済付加価値）」「フラットな組織」など、ドラッカーさんがコンセプトや名称を考え出した経営用語や経営手法は数知れません。

一九九七年秋、日経ビジネスのニューヨーク支局長だった私は、ファクスでドラッカーさんにインタビューを申し込みました。それから一〇分も経たないうちに、「SOLD　OUT」と書かれたファクスが送り返されてきました。なんと断定的な言い方でしょうか。

しかし、そこにはユーモアが込められていました。

「すでに日本経済新聞の方が取材を申し込んできており、日経グループ分のインタビューの席は売り切れてしまった」

という意味だったのです。

「経営の神様」を嫌い、「社会生態学者」を好む

私は思案しました。どうしたら、売り切れのインタビューの席を手に入れることができるのか、あれこれ考えました。

「ソーシャル・エコロジスト（社会生態学者）としてのドラッカーさんに取材を申し込んだらどうだろう」

経営の神様のドラッカーさんが売り切れなら、社会生態学者としてのドラッカーさんは空いていないだろうかとひらめいて再び取材を申し込み、会えることになったの

です。

ドラッカーさんが「経営の神様」という表現を嫌い、「社会生態学者」という呼称を好むことは、後で知りました。

各章でご紹介したように、ドラッカーさんの話には経営の話だけでなく、社会一般の話が数多く登場します。

「イノベーション（革新）は技術のことだけではない。社会の変化をもたらすようなイノベーションが重要だ。学校で使う『教科書』が誕生した最初の国はチェコスロバキア（当時）だ。教科書が誕生したことで、教育水準が劇的に上がったことを思い起こしてほしい。これは社会的革新だ」

「ドラッカーという私の名前はオランダ語で『印刷』という意味で、先祖は植字工だったからよく知っているのだが、コンピューターは、データを変換する機能という点で五〇〇年以上前からある植字技術となんら変わらない」

ドラッカーさんの博学ぶりには驚嘆させられました。明治維新で活躍した無名の志士たちの名前が次から次へと登場することさえありました。

初めてドラッカーさん宅を訪問したときの話に移ります。

当時、ニューヨーク支局員だった三橋英之記者（現日経ビジネスアソシエ副編集長）と一緒にインタビューに出向きました。

ドラッカーさんが住んでいたカリフォルニア州クレアモントは、ロサンゼルスから車で一時間半ぐらいの距離にあります。最初、近くのイタリアンレストランで二時間ほど食事をしました。おいしいイタリアワインをごちそうになりながら、インタビューでは聞けないドラッカーさんの著作活動の苦労や過去の体験を尋ねました。以下は、そのときの話をネタにした「知られざるドラッカーさんの実像」です。

なお、ドラッカーさんは二〇〇五年二月、日本経済新聞の「私の履歴書」欄でその半生を紹介しています。私と日経ビジネスで一緒に仕事をしたことのある元日本経済新聞編集委員の牧野洋さんがドラッカーさんにインタビューしてまとめたものです。ドラッカーさんの詳しいライフワークを知りたい方は、連載をまとめた『ドラッカー20世紀を生きて』（日本経済新聞出版社）を一読されることをお薦めします。

ヨギ・ベラのニューヨーク・メッツも指南した多彩な経歴

ドラッカーさんの半生でまず驚いたのは、「経営の神様」という呼称には収まり切らない多彩な活動歴を持っていることでした。

もちろん、二九冊の本を世に問うた著述業としての本業がありますが、その著作リストだけからは、活動の全容は見えてきません。

変わったところでは、大リーグのプロ野球チームを三つも指南した経験を持っていました。ニューヨーク・メッツなどで、一九六〇年代から八〇年代にかけて経営指南したのです。

きっかけは、ニュージャージー州のモントクレアという町に住んでいたころ、隣にヨギ・ベラというニューヨーク・ヤンキースの名捕手が住んでいたことでした。ヨギ・ベラはヤンキース時代に九回ワールドチャンピオンに輝いた名プレーヤーで、ワールドシリーズで一〇勝を挙げたホワイティ・フォードとバッテリーを組みました。二人を称して「永久欠番バッテリー」といわれているほどです。

そのヨギ・ベラがメッツの監督になり、トレーニングプログラムをつくるのを、ドラッカーさんが助けたのです。

「プロ野球選手は一九歳ぐらいで小さな町のスターだ。二〇歳ぐらいになって大リーグに入るとすごい給料をとる。九九％の選手はとても貧しい家庭の出身だ。それが何百万ドルものカネを手にすると、たいてい堕落した人間になる。だから、まず規律を教えた」

オペラハウスの再建にも携わっています。ニューヨークのシティ・オペラに始まり、サンフランシスコ、ロサンゼルスと手助けを求められたのです。セントルイス交響楽団も少々手伝ったそうです。

「トップスターは管理できない。だから、こちらの仕事ではない。ほかの人、オーケストラ、コーラスを担当する人たちをどうやったら管理できるかに時間を割いた。少なくとも二回はリハーサルをやれとね」

プロ野球界や音楽界だけでなく、キリスト教の教会でもドラッカーさんは「管理」に重点を置いて指導したのです。「マネジメント」という言葉のほうが適切かもしれませんが——。

半世紀前に情報化社会の到来を予測

若かりしころの話にも花が咲きました。

一九〇九年にオーストリア・ウィーンに生まれたドラッカーさんは、ドイツのフランクフルト大学で法学博士号を取得して働き始めます。

しかし、反ナチス的論文を書いて発禁処分になります。一九三一年、ナチスの追及を恐れてイギリスに渡り、新聞記者、銀行員、保険会社勤務と多様な職を経験しました。音楽家、小説家、哲学者としての経験もあります。その後、ヨーロッパの投資信託顧問としてアメリカに移住して永住の地を見つけるのです。

アメリカに渡ってからのドラッカーさんが活躍するきっかけは、一九三九年に『「経済人」の終わり――全体主義はなぜ生まれたか』(上田惇生訳、ダイヤモンド社)という本を出版してからです。ドラッカーさんの処女作といってもいい本です。ドイツとイタリアで生まれたファシズムとナチズムの台頭を分析した本です。政治分野を扱った本ですが、ナチズムといった全体主義が生まれた背景を、産業や所得など経済社会学的アプローチで解析しています。産業や企業を社会的アプローチで見る社会生態学者としてのスタンスは実は最初からあったといえます。

『「経済人」の終わり』が、自由主義を崩壊させた全体主義に焦点を当てたのに対して、一九四二年刊行の『産業人の未来――改革の原理としての保守主義』(上田惇生訳、ダイヤモンド社)は、第二次世界大戦後の自由主義社会について展望した著作でした。

ドラッカーさんがマネジメントを強く意識した本を書き始めるきっかけは、一九四三年に三四歳の若さでGMのコンサルティングを頼まれたときでした。

GMのコンサルタントといえば、経営側が送り込んだスパイだと思われる。だったら、本を書くためだといえば、工場現場も納得してくれるはずだ、ということで、最初は経営者向けの社内レポートを書く仕事だったのを、本を書くために社内調査をしたいと経営陣に提案したのです。

そのときの知識をもとに書いたのが、『会社という概念』（岩根忠訳、東洋経済新報社）です。この本は、GMのほかにIBMやGEなどの成功した他の大企業も取り上げ、「目標管理」「権限委譲」など今では当たり前に使っている新しい造語やコンセプトを提供しました。

ニューヨーク大学の教授やGEのコンサルタントをしながら、経済、経営に関する著作を次々と世に問い、一九六九年に『断絶の時代』（上田惇生訳、ダイヤモンド社）を刊行し、社会生態学の領域を開拓しました。情報化社会の到来、グローバル化の進展を半世紀近く前に予測したのです。

ユダヤ人の救済活動にも話が及びました。ハンガリー・ブダペスト育ち——アジア通貨混乱の仕掛け人とあらぬ嫌疑をかけられた投資家ジョージ・ソロスさんもここの出身——でインテルを興したアンディ・グローブさんを、一九五六年のハンガリー動乱に際してアメリカに脱出させる手助けもしたと、最初に会った昼食の場で初披露しました。

一〇年、一〇〇〇年単位で時代の変化を読む

一日の著作活動についても紹介してくれました。

もちろん生前の話ですが、朝六時に起きて、五歳年下の奥様ドリス夫人のためにサンドイッチをつくる。奥様がそのサンドイッチを持ってテニスに出かける。すると再び寝床に入り、午前一〇時ごろに起きる。執筆作業に入るのは、夜に入ってからです。夜一二時まで一人での思索、執筆を続けます。

「パソコンは言葉ばかりがいっぱい出てきて、言葉が躍る文章になる」とタイプライターにこだわっていました。コンピューターに関してはすでに一九四〇年代末から扱っているにもかかわらずです。

タイプライターで概要を書き、テープレコーダーに吹き込む。アシスタントにタイプしてもらい、その粗書きを読んで捨て、また書き直す。その繰り返しから二冊の小説、一冊の自伝を含む二九冊の本を書き上げました。

電子メールではなく、なぜファクスを使うのかも聞いてみました。ドラッカーさんの答えは、「ファクスだと届いたかどうかがわかりやすい」というものでした。

ドラッカーさんは、新しいものの開発に関わりながらも、自らは新しいものを使うことにはとても慎重でした。

「なにかを調べたいときにインターネットで調べるのが便利だといわれるが、私は電話を使う。その道の専門家に電話をしてわからないことを聞くほうが効果的だ」

「インターネットを通じて飛行機の手配をするのが便利だという人がいる。しかし、日程を変更する場合はどうだろうか。実際に私の娘が試したら、旅行代理店ならすぐに変更できたが、インターネットでの変更には三〇分もかかってしまった。eコマース（電子商取引）はまだ発展途上だ」

ドラッカーさんは、

「私は一九二九年の大恐慌を経験した数少ない人間だ。大恐慌の直前、『これから好況の時代が来る』と書いた論文の手伝いをしたことがあるが、以来、私は相場について予測することをやめた」

と語っています。

この原体験が、ドラッカーさんを短期的なものの見方ではなく長期的な時代の流れを分析する社会生態学者にさせたのだと思います。一〇〇年、一〇〇〇年のスパンで時代を読むのはそのためです。

時代の波を読む賢者であり、時代の波に踊らされない強靭な精神の持ち主でもありました。

本書は二〇〇四年九月に日本経済新聞社から刊行した『ドラッカーさんが教えてくれた経営のウソとホント』を加筆・修正した上、文庫化したものです。

nbb
日経ビジネス人文庫

ドラッカーさんが教《おし》えてくれた
経営《けいえい》のウソとホント

2008年11月1日 第1刷発行

著者
酒井綱一郎
さかい・こういちろう

発行者
羽土 力
発行所
日本経済新聞出版社
東京都千代田区大手町1-9-5 〒100-8066
電話(03)3270-0251 http://www.nikkeibook.com/
ブックデザイン
鈴木成一デザイン室
西村真紀子(albireo)
印刷・製本
凸版印刷

定価はカバーに表示してあります。落丁本・乱丁本はお取り替えいたします。

Printed in Japan ISBN978-4-532-19470-3